高等院校计算机专业应用技术系列教材

人力资源管理信息系统

李 刚 编著

内 容 简 介

人力资源管理是企业管理的重要工作,随着计算机技术的应用,很多企业结合计算机技术和信息管理技术建立了人力资源管理信息系统,提高了人力资源管理工作的效率,所以人力资源管理信息系统具有广泛的应用前景。

本书介绍了信息系统的职能,说明了人力资源管理信息系统的组成和应用特点,简要说明了人力资源管理信息系统的开发方法,并详细介绍了利用用友软件进行人力资源管理的操作方法。

全书各章节围绕典型案例进行说明,突出实践环节。本书可供从事人力资源管理的人员以及高等院校人力资源管理、经济管理等专业的学生学习参考。

图书在版编目(CIP)数据

人力资源管理信息系统/李刚编著.—北京:北京大学出版社,2014.6
(高等院校计算机专业应用技术系列教材)
ISBN 978-7-301-24278-0

Ⅰ.①人… Ⅱ.①李… Ⅲ.①人力资源管理－管理信息系统－高等学校－教材
Ⅳ.①F241－39

中国版本图书馆 CIP 数据核字(2014)第 106323 号

书　　　名	人力资源管理信息系统
著作责任者	李　刚　编著
责 任 编 辑	王　华
标 准 书 号	ISBN 978-7-301-24278-0/TP・1334
出 版 发 行	北京大学出版社
地　　　址	北京市海淀区成府路 205 号　100871
网　　　址	http://www.pup.cn　新浪官方微博:@北京大学出版社
电 子 信 箱	zpup@pup.cn
电　　　话	邮购部 62752015　发行部 62750672　编辑部 62765014　出版部 62754962
印 刷 者	北京飞达印刷有限责任公司
经 销 者	新华书店
	787 毫米×1092 毫米　16 开本　14 印张　331 千字
	2014 年 6 月第 1 版　2020 年 12 月第 4 次印刷
定　　　价	28.00 元

未经许可,不得以任何方式复制或抄袭本书之部分或全部内容。
版权所有,侵权必究
举报电话: 010-62752024　电子信箱: fd@pup.pku.edu.cn

前　言

　　人力资源管理是企业根据企业发展战略的要求,有计划地对人力资源进行合理配置,通过对企业员工的招聘、培训、入职、考核、激励、调整等过程,利用薪酬、福利机制有力调动员工的积极性,通过培训、绩效考核充分发挥员工的潜能,为企业创造更多价值,给企业带来效益的一系列管理活动。

　　在人力资源管理工作中,企业运用现代管理方法和技术手段,对人力资源进行有效的管理,最终实现企业发展的战略目标。随着人力资源管理科学理论和信息技术的发展,人力资源管理工作正在从传统的工作方式向信息化管理方式转变,企业实现了计算机化的人力资源管理工作,提高了人力资源管理工作的效率。然而,由于技术发展和人们观念等原因,目前企业利用计算机进行人力资源管理还处于初级化管理阶段,人力资源管理工作依旧停留在利用计算机进行简单事务处理上,很多工作就是将数据保存到计算机中,因此是一种形式上的转变,没有形成系统化的信息处理方式。伴随着信息管理技术的发展和人才的不断涌现,企业根据自身战略发展的需要,利用技术手段进行管理,建立适合企业管理需要的人力资源管理信息系统,对提升企业的管理效率具有较大的现实意义。

　　人力资源管理信息系统是信息技术与人力资源管理业务结合的产物。人力资源管理信息系统主要用于企业员工的档案、招聘、职位、岗位、薪资、保险福利、考勤、考核、合同、报表的信息管理工作,便于公司领导掌握人员的动向,及时调整人才的分配,同时也减少了手工操作带来的一些繁琐与不便,使员工情况的查询和统计变得十分简单。实践表明,在人力资源管理工作中采用人力资源管理系统进行管理,将有力地帮助企业的人力资源管理人员在多变的环境中准确、快速地分析和决策。同时,信息科学技术将使人力资源管理体系随着信息流的延伸或改变而突破过去封闭的管理模式,延伸到企业内外的各个环节,使得企业内的各级管理者及普通员工也能参与到人力资源的管理活动中来,并利用互联网技术与组织外部建立各种联系。建设和应用人力资源管理信息系统,不仅可以提高人力资源管理部门的工作效率、规范人力资源管理部门业务运作的流程、优化人力资源管理者的工作,而且还能提高这一职能部门的服务质量、服务档次,为企业和员工提供增值服务。因此,人力资源管理信息系统是人力资源管理信息化、智能化、科学化和正规化不可缺少的管理软件。

　　本书结合企业人力资源管理的业务工作,说明利用信息系统辅助完成人力资源管理任务的方法。主要内容包括介绍人力资源管理信息系统在管理工作的作用,介绍人力资源管理信息系统的开发方法和开发过程,以用友软件作为实验软件介绍人力资源管理各个模块完成的任务。

　　本书第一章人力资源管理信息系统概述,介绍信息系统的基本知识,结合人力资源管理的业务知识,介绍人力资源管理信息系统的组成、作用、职能和系统的应用模式。第二章开发人力资源管理信息系统,介绍人力资源管理信息系统的开发过程,说明人力资源管理各阶段完成的主要任务和应当注意的问题。第三章构建人力资源管理信息系统,介绍构建人力资源管理信息系统要完成的工作,说明构建人力资源管理信息系统的操作方法。第四章人力资源规划模块,介绍人力资源规划完成的任务和操作流程,详细说明人力资源规划中构建部门机构框架体系的操作过程。第五章员工招聘模块,介绍员工招聘模块要完成的工作,详细说明员工招聘模块的操作过程。第六章人员管理模块,介绍人员管理工作要完成的任务,说明人员管理工作的信息处理流程,详细介绍人员管理模块的操作过程。第七章人事合同管理模块,介绍人事合同管理工作要完成的任务,说明人事合同管理工作的信息处理流程,详细介绍人事合同管理模块的操作过程。第八章培训管理模块,介绍培训管理工作要完成的任务,说明培训管理工作的信息处理流程,详细介绍培训管理模块的操作过程。第九章薪资管理模块,介绍薪资管理工作要完成的任务,说明薪资管理工作的信息处理流程,详细介绍薪资管理模块的操作过程。第十章保险福利管理模块,介绍保险福利管理工作要完成的任务,说明保险福利管理工作的信息处理流程,详细介绍保险福利管理模块的操作过程。第十一章考勤管理模块,介绍考勤管理工作要完成的任务,说明考勤管理工作的信息处理流程,详细介绍考勤管理模块的操作过程。第十二章绩效管理模块,介绍绩效管理工作要完成的任务,说明绩效管理工作的信息处理流程,详细介绍绩效管理模块的操作过程。

全书各章节首先回顾人力资源管理业务的相关知识,然后围绕典型案例进行说明,突出了信息处理的实践环节。本书可以作为从事人力资源管理的人员以及高等院校人力资源管理、经济管理等专业的学生,学习利用人力资源管理信息系统进行人力资源管理的知识,学习利用技术手段辅助人力资源管理的技能。本书疏漏之处在所难免,欢迎批评指正。本书材料可以到 http://blog.163.com/myphp 下载。

目 录

第一章 人力资源管理信息系统概述 ………………………………………………(1)
  1.1 信息系统的技术基础 ……………………………………………………(1)
    1.1.1 数据、信息、信息系统 …………………………………………(1)
    1.1.2 信息存储技术 ……………………………………………………(3)
    1.1.3 信息处理技术 ……………………………………………………(5)
    1.1.4 网站管理技术 ……………………………………………………(7)
  1.2 人力资源管理信息系统的概述 …………………………………………(9)
    1.2.1 人力资源管理 ……………………………………………………(9)
    1.2.2 人力资源管理信息系统 …………………………………………(11)
    1.2.3 人力资源管理信息系统的选型及其典型产品 …………………(17)
  1.3 案例说明 …………………………………………………………………(18)
    1.3.1 用友人力资源管理信息系统软件概述 …………………………(18)
    1.3.2 人员权限 …………………………………………………………(19)
    1.3.3 主要模块 …………………………………………………………(20)

第二章 开发人力资源管理信息系统 ………………………………………………(22)
  2.1 人力资源管理信息系统的规划阶段 ……………………………………(22)
    2.1.1 前期准备工作 ……………………………………………………(22)
    2.1.2 初步调查 …………………………………………………………(22)
    2.1.3 编写《可行性研究报告》 ………………………………………(23)
  2.2 人力资源管理信息系统的分析阶段 ……………………………………(23)
    2.2.1 业务及数据的详细调查 …………………………………………(23)
    2.2.2 系统化分析 ………………………………………………………(25)
    2.2.3 编写《系统分析报告》 …………………………………………(26)
  2.3 人力资源管理信息系统的设计阶段 ……………………………………(27)
    2.3.1 系统设计的内容 …………………………………………………(27)
    2.3.2 编写《系统设计报告》 …………………………………………(28)
  2.4 人力资源管理信息系统的实施阶段 ……………………………………(28)
    2.4.1 物理系统的安装与调试 …………………………………………(28)
    2.4.2 业务数据整理 ……………………………………………………(28)
    2.4.3 程序设计与调试 …………………………………………………(28)
    2.4.4 用户培训 …………………………………………………………(29)
    2.4.5 系统试运行及切换 ………………………………………………(29)
    2.4.6 《系统测试报告》 ………………………………………………(29)
  2.5 系统的运行维护及评价 …………………………………………………(29)

2.5.1　系统的运行维护 ……………………………………………… (29)
　　　2.5.2　系统的评价 …………………………………………………… (29)
第三章　构建人力资源管理信息系统 ……………………………………… (31)
　3.1　构建人力资源管理信息系统的概述 ………………………………… (31)
　　　3.1.1　构建人力资源管理信息系统的业务介绍 …………………… (31)
　　　3.1.2　业务操作流程 ………………………………………………… (32)
　　　3.1.3　账套系统的构成 ……………………………………………… (33)
　3.2　构建人力资源管理信息系统 ………………………………………… (34)
　　　3.2.1　登录系统 ……………………………………………………… (34)
　　　3.2.2　用户管理 ……………………………………………………… (37)
　　　3.2.3　账套管理 ……………………………………………………… (38)
　　　3.2.4　用户权限管理 ………………………………………………… (44)
　　　3.2.5　输出账套 ……………………………………………………… (45)
　　　3.2.6　引入账套 ……………………………………………………… (46)

第四章　人力资源规划模块 ………………………………………………… (48)
　4.1　人力资源规划的概述 ………………………………………………… (48)
　　　4.1.1　人力资源规划的业务 ………………………………………… (48)
　　　4.1.2　人力资源规划模块 …………………………………………… (49)
　　　4.1.3　人力资源规划模块的系统构成 ……………………………… (50)
　4.2　人力资源规划模块的应用 …………………………………………… (51)
　　　4.2.1　登录系统 ……………………………………………………… (51)
　　　4.2.2　基础档案的管理 ……………………………………………… (52)
　　　4.2.3　单位信息的管理 ……………………………………………… (53)
　　　4.2.4　部门档案的管理 ……………………………………………… (54)
　　　4.2.5　部门职务档案的管理 ………………………………………… (56)
　　　4.2.6　部门岗位档案的管理 ………………………………………… (60)
　　　4.2.7　部门编制档案的管理 ………………………………………… (63)

第五章　员工招聘模块 ……………………………………………………… (66)
　5.1　员工招聘的概述 ……………………………………………………… (66)
　　　5.1.1　员工招聘的业务介绍 ………………………………………… (66)
　　　5.1.2　员工招聘的模块 ……………………………………………… (67)
　　　5.1.3　员工招聘的数据结构 ………………………………………… (67)
　5.2　员工招聘模块的应用 ………………………………………………… (68)
　　　5.2.1　登录系统 ……………………………………………………… (68)
　　　5.2.2　公司招聘渠道 ………………………………………………… (70)
　　　5.2.3　招聘需求管理 ………………………………………………… (71)
　　　5.2.4　招聘计划管理 ………………………………………………… (73)
　　　5.2.5　应聘管理 ……………………………………………………… (75)

5.2.6　后备人才信息管理 ………………………………………………………(77)

第六章　人员管理模块 ……………………………………………………………(79)
　6.1　人员管理的概述 …………………………………………………………………(79)
　　　6.1.1　人员管理的业务介绍 ………………………………………………………(79)
　　　6.1.2　人员管理的业务流程 ………………………………………………………(80)
　　　6.1.3　人员管理的数据结构 ………………………………………………………(81)
　6.2　人员管理模块的应用 ……………………………………………………………(81)
　　　6.2.1　登录系统 ……………………………………………………………………(81)
　　　6.2.2　入职管理 ……………………………………………………………………(82)
　　　6.2.3　调配管理 ……………………………………………………………………(88)
　　　6.2.4　离职管理 ……………………………………………………………………(91)

第七章　人事合同管理模块 ………………………………………………………(95)
　7.1　人事合同管理的概述 ……………………………………………………………(95)
　　　7.1.1　人事合同管理的业务介绍 …………………………………………………(95)
　　　7.1.2　人事合同管理的操作流程 …………………………………………………(96)
　　　7.1.3　人事合同管理的数据结构 …………………………………………………(97)
　7.2　人事合同管理模块的应用 ………………………………………………………(98)
　　　7.2.1　登录系统 ……………………………………………………………………(98)
　　　7.2.2　基础设置 ……………………………………………………………………(99)
　　　7.2.3　人事合同 ……………………………………………………………………(102)
　　　7.2.4　协议管理 ……………………………………………………………………(107)
　　　7.2.5　劳动争议 ……………………………………………………………………(110)
　　　7.2.6　统计分析 ……………………………………………………………………(111)

第八章　培训管理模块 ……………………………………………………………(113)
　8.1　培训管理的概述 …………………………………………………………………(113)
　　　8.1.1　培训管理的业务介绍 ………………………………………………………(113)
　　　8.1.2　培训管理的操作流程 ………………………………………………………(114)
　　　8.1.3　培训管理的数据结构 ………………………………………………………(115)
　8.2　培训管理模块的应用 ……………………………………………………………(116)
　　　8.2.1　登录系统 ……………………………………………………………………(116)
　　　8.2.2　培训资源管理 ………………………………………………………………(117)
　　　8.2.3　培训需求管理 ………………………………………………………………(124)
　　　8.2.4　培训计划管理 ………………………………………………………………(125)
　　　8.2.5　培训活动管理 ………………………………………………………………(126)
　　　8.2.6　培训评估管理 ………………………………………………………………(128)
　　　8.2.7　培训档案管理 ………………………………………………………………(128)
　　　8.2.8　培训统计管理 ………………………………………………………………(129)

第九章　薪资管理模块 (131)

9.1　薪资管理的概述 (131)
9.1.1　薪资管理的业务介绍 (131)
9.1.2　薪资管理的业务流程 (132)
9.1.3　薪资管理的数据结构 (134)

9.2　薪资管理模块的应用 (135)
9.2.1　登录系统 (135)
9.2.2　管理薪资账套 (136)
9.2.3　设置薪资类别、薪资项目、薪资标准的参数 (138)
9.2.4　设置薪资调整 (146)
9.2.5　设置薪资管理的部门和人员档案 (149)
9.2.6　业务处理 (152)
9.2.7　统计分析 (155)

第十章　保险福利管理模块 (157)

10.1　保险福利管理的概述 (157)
10.1.1　保险福利管理的业务介绍 (157)
10.1.2　保险福利管理模块的操作流程 (158)
10.1.3　保险福利管理的数据结构 (159)

10.2　保险福利管理模块的应用 (160)
10.2.1　登录系统 (160)
10.2.2　基础设置 (162)
10.2.3　福利业务 (165)
10.2.4　保险福利统计分析 (176)

第十一章　考勤管理模块 (178)

11.1　考勤管理的概述 (178)
11.1.1　考勤管理的业务介绍 (178)
11.1.2　考勤管理的数据结构 (180)

11.2　考勤管理模块的应用 (180)
11.2.1　登录系统 (180)
11.2.2　设置考勤参数 (181)
11.2.3　考勤业务 (192)
11.2.4　数据处理 (196)
11.2.5　常用报表 (199)

第十二章　绩效管理模块 (200)

12.1　绩效管理的概述 (200)
12.1.1　绩效管理的业务介绍 (200)
12.1.2　绩效管理的数据结构 (202)

12.2　绩效管理模块的应用 (202)

12.2.1 登录系统 …………………………………………………………… (202)
12.2.2 基础设置 …………………………………………………………… (203)
12.2.3 绩效计划 …………………………………………………………… (208)
12.2.4 Web 应用 …………………………………………………………… (211)

第一章　人力资源管理信息系统概述

　　人力资源管理信息系统是以人力资源管理业务的信息处理为核心的信息系统。本章首先介绍人力资源管理信息系统的基本知识,其次,结合人力资源管理的业务知识,介绍人力资源管理信息系统的组成、作用、职能和系统的应用模式。通过本章的介绍使读者了解信息处理技术的基本知识,掌握人力资源管理信息系统的职能和组成。

学习目标：
1. 了解数据、信息、信息系统的概念,掌握管理信息、管理信息系统的作用。
2. 了解信息存储技术和信息处理技术的基本知识。
3. 掌握网络信息管理技术的知识。
4. 了解人力资源管理业务工作的内容。
5. 掌握人力资源管理信息系统的构成。
6. 掌握人力资源管理信息系统各个模块的基本任务。
7. 掌握应用人力资源管理信息系统需要具备的条件。
8. 掌握人力资源管理信息系统的开发方式。
9. 了解人力资源管理信息系统软件的选型方法。
10. 了解用友人力资源管理系统软件的主要职能。

1.1　信息系统的技术基础

　　企业的信息管理是企业管理不可缺少的重要方面,本节介绍信息管理的方法,说明信息系统的职能和分类,说明信息系统在管理中的作用。同时,介绍对信息系统进行管理所涉及的技术方法。

1.1.1　数据、信息、信息系统

1. 数据

　　数据是对客观事物特征的具体描述,数据能够用符号直接反映出来。数据分为不同的类型,常见的有字符型、数值型、日期型、逻辑型等。例如,在人事管理工作中,"张三"表示员工的姓名,属于字符型的数据;"25"表示员工的年龄,属于数值型的数据;"2014/01/01"表示员工的入职时间,属于日期型的数据。

　　客观世界中存在着大量数据,数据不能脱离一定的语义环境,数据按照某种规范经过分类以后,形成了具有一定语义特征的数据集合。例如,员工的姓名、年龄、入职时间等数据构成了员工基本情况的数据集合。再如,员工的姓名、考核时间、考核内容、考核结果等数据构成了员工绩效考核的数据集合。

　　人们利用技术方法对数据加工后,可以获取对管理工作有价值的信息。例如,在人事管理工作中,对员工基本情况的数据进行处理,可以得到员工人数、不同年龄段的员工人数的

信息,这些信息能够说明企业的员工年龄状态,对企业人力资源管理有帮助作用。

2. 信息

信息是对客观事物的抽象描述,是对大量数据加工后得到的结果,信息是提供人们进行管理和决策的依据。数据与信息的转换过程如图 1.1 所示。

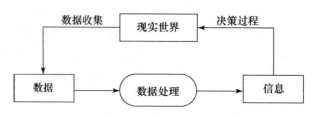

图 1.1　数据与信息的转换过程

信息具有时效性,历史信息能够帮助人们回顾和总结。时效性强的信息,可以帮助人们有效地处理问题。信息具有价值性,信息是人们对数据有目的的加工结果,有效地利用信息能够创造更多的价值。由于收集数据的策略和方法不同,对数据处理后产生的信息具有真伪性,利用信息时要正确辨认其真伪。信息具有层次性,用于企业管理的信息分为战略层信息、战术层信息、作业层信息,不同层次的人员可能需要不同层次的信息。

具有管理职能的信息称为管理信息,管理信息能够给企业的管理决策和管理目标的实现带来参考价值。在企业的管理工作中,非常重视人员信息、财务信息、物资信息、采购信息、生产信息、计划信息、库存信息、市场销售信息的管理。

3. 信息系统

信息系统是具有一定职能、以信息管理为目的、由相关要素组成的整体。信息系统的管理包括信息存储技术和信息处理技术。

(1) 信息系统的职能。

信息系统的职能是完成信息的收集、存储、加工、传递、利用等工作,其核心任务是提供信息管理服务。

现实中存在大量信息系统的应用案例。例如,对会计信息进行处理的系统称为会计信息系统,包括凭证处理、凭证审核、凭证记账、期末结账、报表处理等信息处理环节,企业利用会计信息系统可以提高会计信息的处理效率。再如,对人力资源管理进行处理的系统称为人力资源管理信息系统,包括企业机构管理、招聘管理、人事管理、劳动合同管理、薪资管理、保险福利管理、培训管理、考勤管理、绩效管理等信息处理环节,企业利用人力资源管理信息系统可以提高人力资源管理的效率。

在企业的管理工作中,各部门之间有大量的信息交流环节,通过部门间的信息交流,能够为企业的管理者提供管理和决策服务,为企业的经营创造更多价值。所以,企业需要建立一套体系完整的信息系统,为企业的管理工作服务。

(2) 信息系统的分类。

信息系统分成不同的类型,由于信息系统在企业管理中发挥了很大作用,企业可以结合自身的实际情况选择信息系统。

① 电子数据处理系统(Electronic Data Processing Systems,EDPS)也称为业务处理系

统(Transaction Processing Systems，TPS)，通过对数据的分类完成数据的收集、加工、存储、利用的职能，为企业的作业层提供信息处理服务。

② 办公自动化系统(Office Automation，OA)用于解决办公事务处理的信息系统，包括公文管理、会议安排、行政事务处理等信息管理工作。

③ 管理信息系统(Management Information System，MIS)是一个以计算机为基础的人机系统，通过对作业层信息的处理，利用数学、统计学方法，对数据处理后得到相关信息，为企业的中、高层管理者提供管理信息服务。

④ 企业资源计划系统(Enterprise Resource Planning，ERP)是建立在信息技术基础上，对企业的物流、资金流、人员流、信息流进行整合集成管理的系统，它采用信息化手段实现企业供销链管理。ERP系统集信息技术与管理理念于一体，成为现代企业的运行模式。由于企业的管理工作主要包括生产控制(计划、制造)、物流管理(分销、采购、库存管理)、财务管理(会计核算、财务管理)、人员管理(部门机构的规划、人员招聘、人员培训考核、人员流动、人员薪资管理、保险福利管理)等任务，从而构成了ERP系统的基本模块。

⑤ 决策支持系统(Decision Support System，DSS)是辅助决策者，通过对数据库、模型库和知识库的数据处理，以人机交互方式进行管理和决策的计算机应用系统。它为决策者提供调用各种信息资源和分析工具，帮助决策者提高管理和决策的质量。

⑥ 经理信息系统(Executive Information System，EIS)，也称为主管信息系统，是服务于企业高层经理的一类特殊的信息系统。EIS能够使高层管理者们得到更快、更广泛的信息。

图1.2说明了企业管理的层次及信息系统的类型，作业层的信息系统属于基础信息，它能够为中、高层管理者提供决策信息服务。

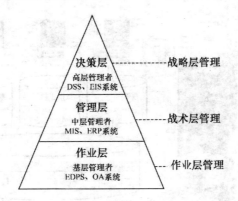

图1.2 企业管理的层次及信息系统的类型

1.1.2 信息存储技术

信息系统是存储和处理信息的系统，目前普遍采用数据库技术存储信息，所以，信息系统属于数据库应用系统范畴。

1. 数据库应用系统及其构成

数据库应用系统是为了解决实际应用问题，利用数据库技术和程序处理技术建立的应用软件系统。例如,铁路票务系统、航空票务系统、网络银行系统、网络购物系统、人力资源管理系统等都属于数据库应用系统。数据库应用系统包括数据库管理系统、数据库用户、数据库应用模型、数据库应用程序。

2. 数据库管理系统

数据库管理系统(Data Base Management System,DBMS)是一种操纵和管理数据库的软件,常见的数据库管理系统主要有 Access、SQL Server、Oracle、Sybase 和 MySQL 等软件。数据库管理系统用于建立、操纵和维护数据库的数据,能够对数据库进行统一的管理和控制,以保证数据库的安全性和完整性。

用户通过数据库管理系统提供的命令管理数据库中的数据。它可使多个应用程序和用户用不同的方法建立、增加、删除、修改和查询数据库的数据。

利用数据库管理系统能够建立数据库应用模型。开发信息系统时软件开发商首先要选择一款数据库管理系统软件,才能做开发工作。

3. 数据库用户

数据库应用系统的用户包括数据库管理员和普通用户。管理员的职责是管理和维护数据库、管理和设置用户及其权限,管理员具有对数据操作的所有权限;普通用户的职责是按照数据操作权限查看和管理数据。

以人力资源管理信息系统的应用为例,必须至少有一个用户管理员,负责管理人力资源管理系统应用的全部工作。各部门的主管和员工通过系统提供的注册程序,按照岗位职别浏览和维护与自己业务有关的数据。

4. 数据库模型

数据库模型是按照一定规范存储数据的规则,如图 1.3 所示。

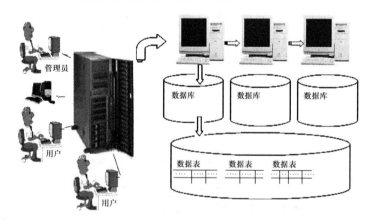

图 1.3 数据库模型示意图

(1)信息项。

信息项是信息系统中独立的、不可分的数据。例如,人事管理的员工编号、姓名、性别等称为信息项。

(2)记录。

记录是相关信息项取值的集合。例如,{1301001、张三、男}、{1301002、李四、女}分别表示记录。

(3) 数据表。

数据表是相关记录的集合,数据表的表示方法:

<数据表名称>{<数据项名称>、<数据项名称>、……}

例如,人力资源管理系统的信息管理涉及很多数据表,其中,员工信息表{员工编号、姓名、身份证号、民族、职务、职称、……},员工编号不得重复;员工薪资表{员工编号、基本薪资、附加薪资、扣除薪资、应税、实发、……},员工编号不得重复;员工绩效考核表{员工编号、考核时间、考核项目、考核结果、……},员工编号和考核时间组合不得重复。

(4) 数据表的关联。

数据表是独立存在的数据集合,但是按照某种规则,数据表的记录之间存在数据关联关系。一个数据表的某条记录与另外一个数据表的记录之间,按照信息项的值相等的原则存在以下关联关系:

① 一个数据表的一条记录与另外一个数据表的一条记录存在一对一的关联关系。

例如,人力资源管理的员工信息表与员工薪资表的记录,按照员工编号相等的原则,存在一对一的关联关系。构成了一个员工在职期间的薪资发放记录。

② 一个数据表的一条记录与另外一个数据表的多条记录存在一对多的关联关系。

例如,人力资源管理的员工信息表与员工绩效考核表的记录,按照员工编号相等的原则,存在一对多的关联关系。构成了一个员工在职期间的多次考核记录。

(5) 数据库。

数据库是相关数据表的集合,每个数据库都有自己的名称。例如,由于人力资源管理包括人力资源规划管理、人员信息管理、绩效考核管理、劳动合同管理、员工技能素质管理、薪资管理、培训管理等工作。为了有效管理人力资源信息,需要建立人力资源管理数据库。在数据库中存储各种管理所需要的数据。

(6) 数据库服务器。

数据库服务器是保存数据库的计算机,一个服务器可以保存多个数据库。

5. 数据库应用程序

数据库应用程序是对数据库的数据进行加工的程序。利用数据库应用程序可以为用户提供简洁的数据操作界面,常用的程序包括增加、删除、修改、查询、统计数据的程序。

设计应用程序需要按照处理的职能,选择数据库管理系统(例如 SQL、Oracle、MySQL)存储数据,利用程序设计语言(例如 ASP、JSP、PHP 技术)处理数据库的数据,得到需要的信息。目前网络化的信息系统应用程序是开发数据库应用系统的趋势。

1.1.3 信息处理技术

1. 信息处理

(1) 信息处理的含义。

信息处理是指对计算机中存储数据的处理。利用计算机处理信息,需要把信息转换成为数字模式,这样计算机才能存储和加工。数据按照一定规范存储形成了数据库模型。计算机信息系统通过设计软件程序完成信息的处理。信息处理包括两个含义:

① 对数据进行数据分析，建立存储数据的数据库模型。

建立严谨的数据库模型是信息处理的关键工作，如果数据库模型设计的不严谨，将给信息处理带来问题，所产生的信息结果将不够真实。

例如，人力资源管理信息系统的数据库模型包括企业机构数据、人事管理数据、薪资数据、保险福利数据、合同数据、招聘数据、考勤数据、培训数据、绩效数据等。

利用数据库管理系统，例如，SQL、Oracle、MySQL等软件，能够存储数据库模型。

② 结合数据处理的需要，设计处理数据的程序。

信息系统是以加工数据为核心的系统。信息系统利用程序完成数据的加工工作，一般来说信息系统应该提供数据输入、显示、查询、统计、打印等一系列程序。

(2) 计算机程序设计语言。

计算机程序设计语言，通常简称为编程语言，是一组用来定义计算机程序的语法规则，用来向计算机发出指令。现实中很多问题通过计算机程序设计语言设计的应用程序来解决。

利用计算机程序设计语言，能够编制处理数据的应用程序。可以采用算法语言，例如C语言、Visual Basic语言设计程序，也可以利用网页设计软件，例如JavaScript、VBScript、Perl、PHP等程序设计语言设计网页程序，利用网页程序解决数据加工的问题。

2. 信息处理的设备

信息处理的设备主要涉及服务器、客户机。

(1) 服务器。

服务器指一个管理信息资源并为用户提供服务的计算机，从应用角度通常分为用于文件处理的文件服务器，用于存储数据的数据库服务器和用于运行应用程序的应用程序服务器。服务器中保存数据和处理程序。从服务对象角度分为局域网服务器和互联网服务器。

(2) 客户机。

客户机是连接服务器的计算机。在互联网中客户机一般指登录互联网的计算机，例如，台式机、笔记本、手机都可以作为客户机。客户机需要安装浏览器软件才能浏览到网络服务器的信息。在局域网中客户机又称为用户工作站，一般是微型计算机，每一个客户机都运行在它自己的、并为服务器所认可的操作系统环境中。

3. 信息处理的模式

信息处理的模式分为B/S结构模式和C/S结构模式。

(1) B/S结构(Browser/Server)。

B/S结构(即浏览器和服务器结构)是指信息系统的数据和应用程序保存在网站的服务器计算机中，用户利用浏览器软件浏览和处理信息。

由于应用系统的程序和数据保存在服务器计算机中，所以软件的职能维护很方便，系统职能的更新能够即时生效，减轻了系统维护的成本和工作量，数据安全可靠。

(2) C/S结构(Client/Server结构)。

C/S结构软件(即客户机/服务器模式)是指信息处理分为客户机和服务器两层，客户机具有一定的数据处理和数据存储能力，通过把应用软件的计算和数据合理地分配在客户机和服务器两端，可以有效地降低网络通信量和服务器运算量。

(3) 信息的处理模式比较。

B/S结构模式：客户端的用户通过登录互联网进行信息加工，不受时间和地域的限制。应用系统的数据和程序保存在网站的服务器中，客户端一般不需要安装任何专门的软件。应用软件功能变更后能够立即实施。最大的问题是一旦服务器故障，将造成系统无法正常使用，影响正常业务工作。另外，当浏览客户增多的时候，数据处理的负荷可能增大。尽管企业应用B/S结构信息系统时可以自购服务器，但是需要增加人员管理和设备采购的费用。为了减少费用，企业也可以将信息系统委托给服务器空间运营商负责管理，这样可以降低硬件采购和维护费用，但是这种方式的问题在于信息系统的应用程序和数据保存在运营商的计算机中，需要特别考虑数据的安全和保密措施。

C/S结构模式：需要配备高档服务器存储和加工信息，有时数据可能分布于客户端，能够降低访问数据的负荷，但是需要考虑数据一致性及其协同加工的问题。由于企业的业务流程、业务模式不是一成不变的，随着企业不断发展，必然会不断调整。同时，软件供应商提供的软件也不是完美无缺的，会存在一些差错。所以，对已经安装的信息系统软件产品进行维护、升级是正常的例行工作。C/S结构软件，由于其应用程序和数据是分布的，一旦应用程序调整需要对每一个使用节点进行程序安装，即使非常小的程序缺陷都需要重新安装调试的时间，在重新安装调试时，为了保证各程序版本的一致性，必须暂停一切业务工作，这样将影响正常的业务工作。

4. 云端计算

采用B/S模式的信息处理，应用系统的程序和数据保存在网站的服务器计算机中，由于网络速度、浏览用户的数量会不断增多、信息处理算法单一等原因，可能造成数据的处理出现速度缓慢等问题。为了提高数据处理的能力出现了云计算算法做信息处理的应用模式。

云计算（Cloud Computing）是一种基于互联网虚拟化的、动态的、易扩展的资源计算方式，它实际是分布式计算技术的一种，将庞大的计算处理程序自动分拆成无数个较小的子程序，再交由多部服务器所组成的庞大系统经搜寻、计算分析之后将处理结果回传给用户。通过这项技术，网络服务提供者可以在数秒之内，完成数以千万计，甚至亿计的信息处理，达到"超级计算机"同样强大效能的网络服务。

用户不需要了解云内部的配置，也不必具有云内部的专业知识或直接控制基础设施。云计算就是建立一个大型的数据库平台，集成了全部通用的软件，用户可以通过这个平台来开发自己的软件、发布自己的网站、测试自己的系统、保存自己的文件、协调完成信息处理。

云计算的应用主要有搜寻引擎、网络信箱、信息存储等，使用者只要输入简单指令即能得到大量信息。

1.1.4 网站管理技术

企业利用信息系统能够提高管理工作的效率，基于B/S模式的信息处理需要建立网站。

1. 网站

网站是存储和处理信息、具有通信职能的计算机的集合，属于信息处理的基础设施。利用网站可以发布信息，也可以利用网站提供网络增值服务，例如，提供空间托管服务、发布网络资讯服务等。网站中有大量计算机服务器，每台计算机都有IP地址，浏览者通过IP地址找到计算机的服务器,利用网页浏览器软件就可以浏览网站服务器的信息,享受网络服务。

网站的管理员负责网站的硬件、软件和信息的管理,保证服务器数据的安全。

(1) 硬件管理。主要管理各种服务器和设备,通过管理和维护保证系统稳定地运行。

(2) 软件管理。主要管理计算机网站内部的软件,需要及时更新系统程序和应用程序。

(3) 信息管理。主要管理计算机网站的系统数据和用户数据,通过备份等工作保证网站数据的安全。

2. 网站备案

网站备案是根据国家法律、法规的需要,网站的所有者向国家有关部门申请的备案,主要有ICP备案和公安局备案。网站备案的目的就是为了防止在网上从事非法的网站经营活动,打击不良互联网信息的传播。

互联网信息服务可分为经营性信息服务和非经营性信息服务两类。

(1) 经营性信息服务是指通过互联网向上网用户有偿提供信息或者网页制作等服务活动。凡从事经营性信息服务业务的企事业单位应当向省、自治区、直辖市电信管理机构或者国务院信息产业主管部门申请办理互联网信息服务增值电信业务经营许可证。申请人取得经营许可证后,应当持经营许可证向企业登记机关办理登记手续。

(2) 非经营性互联网信息服务是指通过互联网向上网用户无偿提供具有公开性、共享性信息的服务活动。凡从事非经营性互联网信息服务的企事业单位,应当向省、自治区、直辖市电信管理机构或者国务院信息产业主管部门申请办理备案手续。非经营性互联网信息服务提供者不得从事有偿服务。网站备案办法要求从事非经营性互联网信息服务的网站进行备案登记,否则将予以关站、罚款等处理。

为配合网站备案工作,信息产业部建立了统一的备案工作网站,接受符合办法规定的网站负责人的备案登记。

3. 网站的硬件

网站计算机的结构如图1.4所示。

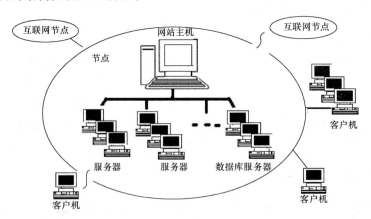

图1.4 网站计算机的结构

(1) 网站主机。

网站的主机负责连接其他网站的主机,实现通信联网,并管理本站计算机服务器。如果是大型网站,网站的主机可以是小型计算机。如果是小型网站,网站的主机可以是高档微机服务器。如果是个人网站,网站的主机可以是高档微机。

(2) 网站服务器。

网站服务器在局域网起到主机的作用,负责管理客户计算机,保证客户机的正常运行。在互联网由网站主机负责管理起到存储信息的作用,提供信息资源供客户浏览。

(3) 客户机计算机。

客户机计算机是互联网络中的终端,包括个人用户、部门及企业的局域网用户。客户机登录互联网连接到网站以后,可以浏览到网站存储的信息资源。

4. 网站的软件

网络化的信息管理系统涉及的软件主要包括系统软件、应用软件开发工具和应用软件。

(1) 系统软件。

操作系统软件是计算机必备的软件,常用的操作系统软件有 Windows、Linux、UNIX 等。大型网站的主机安装 UNIX 的比较多。网站计算机服务器中用于通信管理的软件,主要有 Apache、IIS 等。

(2) 应用软件开发工具。

应用软件开发工具是用于设计应用软件的工具,利用应用软件开发工具可以设计应用软件系统。

程序设计语言:用于算法设计、数值处理的软件,如 Visual C++、Visual Basic 等。

数据库管理系统:用于信息处理的软件,如 SQL、Oracle、MySQL 等。

网页程序设计语言:用于设计网页页面的软件,如 Dreamweaver 等。

工具软件:主要指用于浏览信息的浏览器软件,用于网络安全的防火墙软件,用于数据安全的加密软件,用于文件下载、上传服务的软件。

(3) 应用软件。

应用软件是利用应用软件开发工具设计的,用于解决现实应用问题的软件。网络化信息管理系统软件,如铁路、航空票务系统、网络银行系统、网络商城系统、电子商务系统等属于应用软件范畴。在日常工作中,利用计算机建立信息管理系统,需要配置好计算机的软件资源,并由专人负责维护和管理。

1.2 人力资源管理信息系统的概述

人力资源管理信息系统能够辅助人力资源管理工作。本节介绍人力资源管理信息系统的职能和组成模块、说明人力资源管理信息系统的应用特点。

1.2.1 人力资源管理

1. 人力资源管理的含义

人力资源管理(Human Resources Management,HRM)是企业根据企业发展战略的要求,有计划地对人力资源进行合理配置,通过对企业中员工的招聘、培训、使用、考核、激励、调整等过程,有力调动员工的积极性、充分发挥员工的潜能,为企业创造更多价值,给企业带来效益的一系列的管理活动。这些活动主要包括制定企业人力资源发展战略、员工招聘和选拔、员工的培训管理、员工的绩效管理、员工的薪资管理、员工保险福利管理、员工的劳务关系管理、员工档案管理等。

在人力资源管理活动中，企业运用现代管理方法和技术手段，对人力资源进行的计划、组织、指挥、控制和协调等方法，最终实现企业发展的战略目标。实施人力资源管理既要考虑实现企业发展的战略目标，又要考虑有利于员工个人的全面发展。

2. 人力资源管理的内容

人力资源管理服务于企业的发展战略目标，是一系列管理环节的综合体。人力资源管理的业务工作主要包括以下方面。

(1) 制定人力资源战略规划。

人力资源战略规划是企业为适应内、外环境的变化，依据企业总体发展战略，并充分考虑员工的期望而制定的企业人力资源开发与管理的纲领性长远规划。

人力资源战略规划的主要任务包括确定企业的组织机构、人员编制、人员结构、岗位职责、薪资核算标准、保险福利标准、业绩考核标准、员工招聘方案等。

人力资源战略规划和核心是进行岗位分析和岗位评价。岗位分析是对企业所有工作岗位的特征和任职要求进行界定和说明，岗位分析的结果是形成每一个工作岗位的职位描述、任职资格要求、岗位业务规范。岗位评价是对企业各工作岗位的相对价值进行评估和判断，岗位评价的结果是形成企业不同工作岗位的薪资体系。

(2) 完成人力资源管理的核心业务。

人力资源管理的核心业务包括招聘管理、人员管理、薪资管理、保险福利管理、绩效考核管理、员工培训管理、劳动合同管理和考勤管理。

招聘管理是人力资源管理核心业务的首要环节，它是企业不断从企业外部吸纳人力资源的过程，它能保证企业源源不断的人力资源需求。

人员管理负责管理企业人员的入职、调配、晋升、离职等信息管理工作。

薪资管理是企业人力资源管理的一个极为重要的方面，它主要包括薪资制度与结构的设计、员工薪资的计算与水平的调整、薪资支付等内容，它是企业对员工实施物质激励的重要手段。

保险福利管理是社会保障的重要组成部分，它是国家和社会为保障和维护社会成员一定的生活质量，满足其物质和精神的基本需要而采取的社会保障政策以及所提供的设施和相应的服务。也是企业人力资源管理的一个组成部分，通过一系列的核算体系来记录和保障员工的权益。

绩效考核管理是运用科学的方法和标准对员工完成工作的数量、质量、效率及员工行为模式等方面的综合评价，通过绩效考核进行相应的薪资激励、人事晋升激励或者岗位调整，绩效考核是实施员工激励的重要基础。

员工培训管理是企业人力资源开发的重要手段，它包括对员工的知识、技能、心理素质等各方面的培训，它是企业提升员工素质的重要保障。

劳动合同管理是指企业与员工之间签订合同，共同遵守法律约束，保护各自的利益。

考勤管理是结合员工的工作性质进行班组分班，对员工按照分班进行考勤，考勤与员工的薪资、保险福利管理相关联。

人力资源管理还包括其他一些日常事务性业务内容,如人事统计、查询、报表等工作。

总之,人力资源管理工作是一项复杂的信息管理工作,各工作环节之间存在着不可分割的、密切的信息联系。利用计算机信息处理技术和网络通信技术,建立人力资源管理信息系统,能够提高人力资源管理工作的效率。

3. 人力资源管理的现状和发展

随着人力资源管理科学理论和信息技术的发展,人力资源管理工作正在从传统的工作方式向信息化管理方式转变,很多企业实现了计算机化的人力资源管理工作,提高了人力资源管理工作的效率。

然而,由于技术发展和人们的观念等原因,目前企业利用计算机进行人力资源管理还处于初级化管理阶段,人力资源管理工作依旧停留在利用计算机进行简单事务处理上,很多工作就是将数据保存到计算机中,因此是一种形式上的转变,没有形成系统化的信息处理方式。

人力资源管理是企事业单位不可缺少的一项管理工作,伴随着信息技术的发展和人才的不断涌现,企业根据自身战略发展的需要,利用技术手段进行管理,建立适合企业管理需要的人力资源管理信息系统,对提升企业的管理效率具有较大的现实意义。

1.2.2 人力资源管理信息系统

1. 人力资源管理信息系统

人力资源管理信息系统(Human Resources Management Information System,HRMIS)是利用计算机信息管理技术和网络通信技术,通过对人力资源管理的信息处理,完成人力资源管理任务的一系列管理思想和管理技术的总称。

人力资源管理信息系统是信息技术与人力资源管理技术结合的产物。实践表明,通过在人力资源管理中采用信息科学技术,建成高效的人力资源管理系统,将有力地帮助企业的人力资源管理者在多变的环境中准确、快速地分析和决策。同时,信息科学技术将使人力资源管理体系随着信息流的延伸或改变而突破过去封闭的管理模式,延伸到企业内外的各个环节,使得企业内的各级管理者及普通员工也能参与到人力资源的管理活动中来,并利用互联网技术与企业外部建立各种联系。建设和应用人力资源管理信息系统,不仅可以提高人力资源管理部门的工作效率,规范人力资源管理部门业务运作的流程,优化人力资源管理者的工作,而且还能提高这一职能部门的服务质量、服务档次。从发展的角度看,人力资源信息化的过程还可以使人力资源管理部门在做好基本行政工作的基础上,为企业和员工提供增值服务,如根据企业发展战略进行人力资源规划、招聘合适的人才。通过岗位分析,绩效评估体系来提升企业和员工的绩效,企业高级管理者方便地了解整个企业人力资源的各种状况等。

人力资源管理信息系统主要用于企业内部员工的档案、招聘、职位、岗位、薪资、保险、福利、考勤、考核、报表的信息管理工作,便于公司领导掌握人员的动向,及时调整人才的分配,同时也减少了手工操作带来的一些繁琐与不便,使员工情况的查询和统计变得十分简单。利用人力资源管理信息系统可以极大地提高企业对人力资源管理的效率。因此,人力资源管理信息系统是人力资源管理信息化、智能化、科学化和正规化不可缺少的管理软件。

近年来,有些软件公司研制了利用互联网平台进行人力资源管理的软件,它的应用提高了企业人力资源管理工作的效率。

2. 人力资源管理信息系统的构成

人力资源管理信息系统是以人为主体,服务于人力资源管理的软件系统,其核心是通过处理相关信息,高效地完成人力资源管理的信息处理工作。人力资源管理信息系统的构成包括人力资源数据库、人力资源管理软件模块、应用人员、人力资源管理应用平台。

(1) 人力资源数据库。

人力资源管理数据库保存人力资源管理的信息。所有信息以独立的表格形式存在,包括系统数据表和业务数据表。

系统数据表保存系统的基础数据,例如,系统的参数信息、公式和规范信息、标准库信息(行政区划分、学历名称、民族名称等)。

业务数据表保存人力资源管理的业务数据,例如,部门情况数据表、人员情况数据表、员工招聘数据表、员工薪资数据表、员工保险福利数据表、员工绩效考核数据表、员工合同数据表、员工培训数据表等。

数据表之间按照一定规范相互关联,构成了人力资源管理数据库,为人力资源管理工作提供基础信息。

(2) 人力资源管理软件模块。

人力资源管理软件模块是对人力资源数据库的信息进行处理的软件。各模块完成一个独立的管理任务,同时下分若干子模块。例如,人事管理模块完成人事信息的管理工作,下分人事档案、入职管理、调动管理、人员查询等子模块。再如,招聘管理模块完成招聘信息的管理工作,下分招聘渠道管理、招聘需求管理、招聘计划管理、招聘人才库管理等模块。人力资源管理软件模块可以根据需要组合定制,完成人力资源管理工作。

(3) 应用人员。

人力资源管理信息系统服务于企业的所有员工,为了符合人力资源管理制度的要求和信息保密的要求,人力资源管理信息系统按照不同的操作级别处理相关信息。人力资源管理的应用人员包括系统管理员和业务人员。

系统管理员负责软件的维护和数据的备份工作。业务人员完成信息的输入、修改、删除等工作。按照信息的处理级别从高到低依次是系统管理员→人力资源管理部门的人员→各部门管理者→普通员工。为了保证信息的安全,人力资源管理软件对信息的维护有严格的程序记录,记载用户登录时间、从事的操作、注销的时间等信息,这样便于责任管理。

(4) 人力资源管理应用环境。

人力资源管理应用环境是指运行人力资源管理系统的硬件和软件。为了完成人力资源管理的信息加工需要选购相关设备。其中,计算机和服务器是必不可少的。基于互联网技术的人力资源管理信息系统,可以采用外包的形式将数据库及其系统程序托管给具有管理资质的软件公司。如果企业自主管理系统,需要配备高档服务器和技术人员,才能做好人力资源信息管理工作。

企业应用人力资源管理信息系统软件有企业独自开发的,也有购买专业软件公司开发的产品。这些产品从职能上基本相同,从应用的灵活性和数据处理的安全性角度来说各有利弊。企业可以结合自己的实际情况选择。

3. 人力资源管理信息系统的主要模块

(1) 初始化模块。

人力资源管理信息系统初始化模块包括的工作主要有:

设置系统运行的参数。如设置程序和数据库的文件夹的名称;设置基础数据格式,如表格标题、宽度、项目等;设置操作员的用户名、密码、操作权限;设置系统自动备份的时间;设置日志文件清理的周期等。

数据库初始化。为了能够使人力资源管理信息系统正式运行,需要将数据库初始化,同时加载业务数据以便系统正常使用。

模块剪裁。根据业务的职能规范选择适合管理需要的模块,组建企业的人力资源管理信息。企业可以根据管理的需要,适时选择启用人力资源管理信息系统的相关模块。

(2) 人力资源规划模块。

人力资源规划是根据企业总体发展战略的目标,制定企业人力资源开发和利用的各项方针和策略,核心工作是设计企业的部门框架和职能,确定各部门的岗位、职位、人员数,制定规章制度、人员薪资和保险福利费用测算等。

人力资源规划模块以收集和处理人力资源规划形成的数据为主,为其他模块的应用提供基础数据准备。例如,部门数据需要收集部门名称、负责人、主要职责、岗位职责、人员编制等数据,岗位数据需要收集岗位名称、岗位编制数、岗位要求等数据。

(3) 员工招聘管理模块。

员工招聘模块包括发布招聘信息和招聘入职操作。

结合员工技能素质模块收集的岗位要求,发布招聘信息,应聘人员投递个人资料,人力资源管理人员通过筛选得到企业后备人才数据,以备有关部门随时录用员工。例如,员工招聘管理模块需要收集岗位名称、应聘人信息、应聘评价等数据。

招聘入职是指用人部门通过考核、面试等一系列环节,对员工录用的操作。例如,员工招聘入职管理模块需要收集岗位名称、入职人员信息、入职评价、合同类型等数据。

(4) 员工信息管理模块。

员工信息管理模块对在职员工、离退员工和后备员工进行管理。提供办理入职、离退等相关操作,可以进行查询、打印、报表等操作。

(5) 员工培训管理模块。

员工培训管理根据企业总体发展战略的目标,制定员工培训的计划、确定培训的内容和企业员工培训的业务,通过培训提升员工的素质。员工培训管理模块以收集和处理培训业务形成的数据为主,为其他模块的应用提供基础数据准备。例如,员工培训收集部门名称、培训人员、培训内容、考核结果、培训日期等数据。

(6) 员工绩效管理模块。

员工绩效管理是企业结合战略规划目标,通过职位分析提出的对人才要达到的技能要求以便为员工招聘和考核提供依据。员工绩效管理模块以收集和处理员工技能素质要求的数据为主,为员工招聘模块和考核模块提供基础数据。例如,员工技能素质模块需要收集岗位名称、岗位要求、考核分值等数据。

（7）薪资管理模块。

薪资管理根据企业总体发展战略的目标，结合岗位特点、工作难度制定员工岗位的薪资标准。薪资管理模块以收集和处理岗位的薪资数据为主，为其他模块的应用提供基础数据准备。例如，薪资管理收集部门名称、岗位名称、薪资标准等数据。

（8）保险福利管理模块。

保险福利管理根据国家法律规定和员工提出的保险福利要求，结合岗位特点制定保险福利项目、费用比例等。保险福利管理模块以收集和处理保险福利管理数据为主，为其他模块的应用提供基础数据准备。例如，保险福利管理收集保险福利名称、待遇标准、享受标准等数据。

（9）考勤管理模块。

考勤管理根据企业员工的工作性质，对员工的考勤进行管理。考勤管理模块设置考勤参数，设置班组、考勤制度和人员信息后，员工日常工作时，按照考勤制度收集和处理考勤数据，考勤周期末提供考勤数据，供有关模块处理。

（10）人事合同管理模块。

人事合同管理根据国家法律规定，员工与企业间签订的劳动合同进行管理。人事合同管理模块以收集和处理合同数据为主，为其他模块的应用提供基础数据准备。例如，人事合同管理收集员工信息、合同种类、合同期间等数据。

4. 人力资源管理信息系统的应用模式

人力资源管理信息系统有多种应用模式，常见的模式包括基于局域网络信息管理的模式和基于互联网络信息管理的模式。

（1）基于局域网络信息管理的模式。

基于局域网络信息管理的模式是利用数据库技术收集和管理与人力资源相关的数据，利用报表生成工具、数据分析工具和信息共享技术完成人力资源信息的加工。使得人力资源管理人员得以摆脱繁重的日常工作，集中精力从战略的角度来考虑企业人力资源规划和政策。这种方式对于异地子公司的应用很不方便。

（2）基于互联网络信息管理的模式。

基于互联网的人力资源管理信息系统是由于互联网和企业内部局域网技术的普及，以及人力资源管理理论的进一步发展，使人力资源管理快速响应企业内部和外部的各种要求与变化成为可能，形成了以互联网为平台，以实现企业人力资源管理信息加工为主的信息管理系统软件。

5. 人力资源管理信息系统的应用现状

人力资源管理信息系统作为帮助企业实现人力资源建设的重要手段越来越受到企业的关注，但目前市场上有很多人力资源管理信息系统，设计的背景与实现的职能不同，采用的技术方法各有特色。

国内的人力资源管理信息系统软件产品有很多种类，由于人力资源管理的很多工作有标准化的工作流程，所以，国内很多软件公司从事人力资源管理软件的研制工作，各产品的职能大同小异，基本都能满足人力资源管理业务的需要。只是选择的开发工具、提供的模块种类及服务模式有所差异。因此,国内的企业在选择产品时,可以根据自己的管理需要选择所需的产品。

国外人力资源管理信息系统与国内系统相比,随着管理理论的发展,其设计思路蕴涵了先进的管理理念,起步较早、完整性和成熟度高、具有雄厚的实力,在技术力量的培养、研发、市场推广等方面大力投入,开发出了适用于不同行业的解决方案。因此,国内的企业在选择国外产品时,应当结合企业的规模和国内管理的特点,选择所需的产品。

6. 应用人力资源管理信息系统需要具备的条件

应用人力资源管理信息系统是一项复杂的系统工程,需要具备一定条件。

(1) 领导的重视。

由于企业的领导制定企业的发展战略,在企业中具有人事调配权,能够协调各部门工作,所以在企业应用人力资源管理信息系统时,领导对于人力资源管理信息系统的应用起到非常重要的作用。

企业应用人力资源管理信息系统不只是一个部门的事,为了保证数据的完整、准确和及时,需要企业内各个部门和全体员工的积极配合,领导要积极宣传、主动协调做好初期工作。同时,采用人力资源管理信息系统后,需要在服务于企业发展战略的基础上,人力资源管理的业务流程和实施过程,会出现很多变化,期间会涉及部分部门、员工的利益,如果处理不当,会制约企业的发展,所以企业应用人力资源管理信息系统,如没有企业决策层的参与是很难实现的。

(2) 规范的业务管理体系。

在企业的信息管理中,计算机能够提高信息处理的效率,为企业的管理者提供管理和决策信息。但是必须认识到计算机能够处理的是有规律的事务性信息,有严格的数据接收、加工、保存、输出要求。这就要求利用计算机处理的问题必须是能够将问题细化分解成若干个部分,各部分问题的处理必须是规范的、有规律可以遵循的问题,否则计算机将无法提供正确的信息。

人力资源管理的特点是各业务模块的信息加工相对来说是规范的,所以,企业的人力资源管理工作中,能够利用人力资源管理信息系统进行辅助管理。但是也应该注意到,人力资源管理业务的信息类型多样、数据量大、数据变换频繁,所以,企业应用人力资源管理信息系统时,应当按照规范的步骤逐步实施,严格管理。

企业应用人力资源管理信息系统要求数据的采集、更新要及时和完整。在系统的实施过程中,很多企业由于有关人员工作责任心不强,加上某些管理人员的随意指挥,会造成系统的实施和运行事倍功半,而且降低了工作的功效。所以,要建立制度保障体系,建立必要的规范的程序性文件,做到每个操作都有章可循,减少和杜绝各种特例情形,才能为人力资源管理系统的实施和正常运行提供有效保证。

(3) 技术人员的保障。

企业应用人力资源管理信息系统需要有稳定的技术队伍。企业需要建立专门的部门机构如信息中心或信息系统研制小组,落实系统的实施。人员的组成应包括企业高层管理人员、企业各部门业务管理人员、计算机专业人员,其中,企业的高层管理者和计算机系统主管,全面负责信息系统的研制。他们将负责整个项目的组织协调、进度控制、数据分析和数据有效性的检查,提供相关建议,培训其他人员,建立系统和检查各部门的运行程序。项目实施小组应明确每个小组成员的工作职责。他们也将是该企业运行人力资源管理系统的主要骨干和技术支持。为了保证系统的稳定实施,企业应当配备稳定的计算机专业人员,负责系统的维护工作。

很多企业不了解信息系统的应用规范,往往忽略了技术人员的保障,只重视系统前期人力和资金的投入,到系统运行后需要进行修改或出现问题后,企业没有专职的技术人员负责完善和甄别,很有可能造成系统瘫痪。

(4) 资金的保障。

企业应用人力资源管理信息系统需要有大量的资金投入,如系统开发费用、购买软件和硬件产品的费用、软件的后期维护的费用等。尽管企业应用人力资源管理信息系统资金投入量大,但是对于使用较好的企业来说,应用人力资源管理信息系统进行管理能够为企业带来无形的效益,它的价值有可能超出系统的投入。

很多企业不了解信息系统的研发投入,往往忽略了软件的后期维护的费用投入,系统使用后,后期资金不足给系统的应用带来问题。

7. 人力资源管理信息系统的开发方式

开发人力资源管理信息系统有自主开发、委托开发、合作开发、购买软件包多种方式。

(1) 自主开发。

如果企业的领导对人力资源管理业务和信息系统的知识比较熟悉,同时又有一支精湛的系统研发的技术队伍,技术人员中既有专业的信息系统分析与设计人员,又有经验丰富的程序设计人员。那么,通过对人力资源管理业务的深入调研和咨询,企业借助自己的技术人员可以自行开发得到适合本单位需要的人力资源管理信息系统。

自主开发方式的好处是系统的研发采用"所用即所需"的原则,系统的实用性强,在系统开发过程中,可以培养自己的技术力量,系统的开发费用少、可维护性好、满意度较高。

(2) 委托开发。

如果企业没有自己的开发队伍,要想利用人力资源管理信息系统进行管理,可以将系统委托给软件公司或科研单位开发。委托开发方式企业必须配备精通业务的管理人员参加开发过程,开发过程中需要开发单位和使用单位双方及时沟通,要严格把握系统的开发质量。这种开发方式一般费用较高,系统维护比较困难。

委托开发方式适合于缺少信息系统分析人员、缺少软件开发人员,但资金较为充足的企业。这种方式的开发费用高,系统的维护工作需要开发单位的长期支持。

(3) 合作开发。

合作开发方式适合于企业有技术人员,但开发队伍力量较弱,企业从锻炼队伍、培养人才的角度出发,与软件公司或科研单位合作开发系统。合作开发有利于系统的维护工作,可以节省系统的开发资金,但是开发过程中双方在合作中沟通易出现问题,需要双方及时达成共识,进行协调和检查。

(4) 购买软件包。

目前,人力资源管理信息系统的开发正在向专业化方向发展,一些软件公司已经开发出一批使用方便、功能强大的人力资源管理信息系统。为了避免重复劳动,提高系统开发的经济效益,企业完全可以购买现成的适合于本单位业务的系统软件。

购买软件包可以节省开发系统的时间和费用,提高系统技术水平。但是,系统的专用性较差与本单位的实际管理工作需要可能有一定的差距,部分职能需要做二次开发工作。企业在选择购买软件时,不可只看开发商的宣传,要经过多方详尽的考查后再做决定。

1.2.3 人力资源管理信息系统的选型及其典型产品

1. 人力资源管理信息系统的选型

企业应用人力资源管理信息系统可以提升企业的管理效率、节省企业的管理开支、提高企业员工的满意度、增加企业的利润。企业该如何选择适合自己的人力资源管理信息系统是普遍受到关注的问题。

(1) 企业要根据现行的管理特点、管理状况及战略规划选择软件。

企业要充分分析企业的概况,以服务于企业发展战略为目标选择人力资源管理信息系统。首先,要对整体系统的规划有一个明确的目标,知道最终系统实施的范围和应用的层面。这样企业就可以根据自身的规模和需求确定用什么类型的系统,是最基本的人事信息管理软件还是完整的人力资源系统。其次,要明确系统应用的重点和步骤。因为企业是处于不断发展中的,系统的应用也要跟上企业的变革,要循序渐进地使用和推广人力资源信息系统的应用,只有明确发展方向后才能根据人力资源管理业务的需要进行"全面规划,分步实施"。以实用为原则选购人力资源管理信息系统。

(2) 选择适合自己需要的标准化产品。

如果公司的业务规模不是很特殊、管理变动不大,企业的战略规划上也不会有太大的调整,一般可以考虑选购市场上销售的、标准化的人力资源管理信息系统,这样所选产品可以很快地投入使用。

在选择标准化的产品时,要考虑产品的拓展性。也就是产品本身与其他系统的适用性问题。由于各企业在管理上有差异,所选产品应当便于增加新的职能。同时,要结合当时的技术选择技术前瞻、服务体系完善的产品,要考虑便于推广和应用、便于企业的异地处理业务能轻松实现,能降低企业用户的实施成本和维护成本,能够面向全员、更多地让员工参与管理的产品。

(3) 全面了解产品的性能。

购买软件产品前查阅软件产品的宣传很重要,但是不要被商家的宣传所迷惑。如果想利用人力资源管理系统达到预期的管理成效,关键是要有一支技术过硬的队伍负责管理和维护人力资源管理信息系统的运行。在人力资源管理工作中人的因素很重要,有些技术能够利用技术措施完成,有些工作利用技术措施不能完成,例如,人力资源规划、管理人员选派等,不是软件系统能解决的问题。所以,要对软件产品的功能进行全面了解,一方面利用技术方法进行管理,另外一方面发挥人的主观能动性进行人性化的管理。

2. 人力资源管理信息系统的典型产品

人力资源管理信息软件产品很多,各公司的人力资源管理产品都包括企业机构管理、人事关系(含合同管理、员工异动管理)、薪资管理(含保险福利管理、考勤管理)、招聘管理、培训管理、绩效管理。作为一个全员用的人力资源管理系统，还应当包括决策支持、员工自助、经理人查询等功能。

软件开发商所开发的软件产品的差异在于公司的规模不同、从事软件开发的时限不同、选择的开发工具不同、技术规范不同、软件的售后服务不同。

开发人力资源管理信息软件产品需要投入很多资金、技术、人员，有些软件开发商的开发技术比较稳定，从事人力资源管理软件开发的时间比较长，常用的软件产品有用友软件、金蝶软件等产品。

1.3 案例说明

本书后续章节以用友人力资源管理软件（教学版）为例，介绍利用计算机信息处理技术辅助人力资源管理的技术和操作方法。

1.3.1 用友人力资源管理信息系统软件概述

1. 用友软件概述

用友软件公司主要以开发管理软件、ERP软件、集团管理软件、人力资源管理软件为主。其开发的人力资源管理软件主要包括人事管理、薪资管理、保险福利管理、考勤休假管理、人事合同管理、招聘管理、培训管理、绩效考核管理、计件薪资、宿舍管理、经理自助、员工自助等多个模块，主要功能在于提高企业人力资源管理的工作效率，增加对于人力资源业务的定量分析手段，提供建立人力资源管理的公用平台，如图1.5所示。

用友人力资源管理软件通过管理企业机构、人员档案、薪资、考勤、保险福利、合同、招聘、培训、绩效、计时计件、宿舍管理等多个日常业务领域，提高了全面掌控企业人力资源配备状况的能力，为企业经营战略的调整提供最新的人力资源管理信息以辅助管理决策。

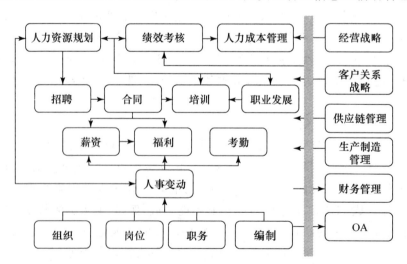

图1.5 人力资源管理系统模块构成

2．用友软件的运行环境

用友软件运行在下列环境：

(1) 操作系统：Windows XP SP2 或更高版本补丁、Windows Sever 2003 SP2 或更高版本补丁、Windows Vista SPI 或更高版本补丁、Windows 7 SPI 或更高版本补丁。

(2) 数据库：SQL Sever 2000 SP4 以上版本补丁。

(3) IIS 软件、.Net Framework 软件、IEWebControl 组件。

3．用友人力资源管理软件操作流程

用友软件包括系统服务模块和企业应用平台两个程序模块。

(1) 系统服务模块用于账套管理（包括建立账套、修改账套、输出和引入账套）、设置用户权限（包括建立用户、设置权限）。

(2) 系统应用平台用于管理人力资源的业务数据，如图 1.6 所示。

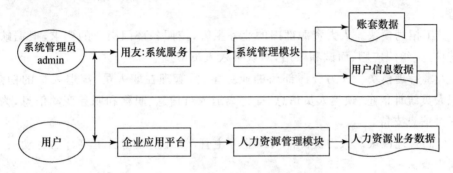

图 1.6 人力资源管理信息系统处理流程

1.3.2 人员权限

为了保证数据的安全，人力资源管理信息系统为用户提供的操作职能和权限各不相同，如表 1.1 所示。

表 1.1 用户权限说明

用户名	权 限	说 明
admin	系统管理员	至少配置 1 名系统管理员，负责系统运行和维护
人力资源部部长	人力资源部门的主管	至少配置 1 名系统管理员，负责人力资源管理的业务工作
员工职工号	人力资源部门的操作员	配置若干名操作员，负责完成某项人力资源管理的业务工作
员工职工号	企业的主要领导	企业的主要领导浏览人力资源管理信息
员工职工号	企业员工	企业员工自主管理个人的人力资源信息

系统管理员（admin），具有对系统操作的所有权限。能够管理账套、用户和权限。人力资源部门的主管，具有人力资源业务操作的权限，能够管理账套。人力资源部门的操作员按照人力资源管理业务分工，不同的管理业务设置不同操作员，各操作员完成各自的操作任务。各部门的管理员，负责管理和维护与自己部门有关的人力资源信息。企业员工能够浏

览和管理与自己有关的人力资源信息。

1.3.3 主要模块

北京易惠瑞有限公司人力资源管理部门,完成以下业务工作:

(1) 人力资源管理信息系统的初始设置。系统管理员设置人力资源管理信息系统软件的运行参数,创建操作人员的参数并且分配操作权限。

(2) 人力资源规划模块。人力资源部门的主管按照企业发展战略规划的要求,设置企业的部门,配置各部门职务人数及其职责,配置各岗位人数、所需学历、明确岗位职责和考核要求、确定薪资标准。

(3) 员工技能素质管理模块。人力资源部门的业务主管,按照各部门岗位的要求,设置各岗位员工需要具备的技能,根据企业的现状对员工的技能进行评测,为人力资源规划提供信息支持。

(4) 员工招聘模块。人力资源部门的业务主管,按照各部门岗位的要求,根据缺岗情况发布招聘信息、组织应聘、面试和录用,确认录入人员信息。

(5) 人事管理模块。人力资源部门的业务主管,管理在职人员、离退人员的信息档案。提供在职人员统计信息、缺编人员信息、即将离退人员信息、职称和职务变动信息,为人力资源规划提供信息支持。

(6) 合同管理模块。人力资源部门的业务主管,管理企业与员工签订的劳动关系信息,组织合同审查。

(7) 员工薪资管理模块。人力资源部门的业务主管,根据岗位职责的要求,制定岗位薪资标准,记录员工绩效考核信息。提供员工薪资的统计结果,计算员工薪资成本,为人力资源规划提供信息支持。

(8) 员工保险福利管理模块。人力资源部门的业务主管,根据岗位职责的要求,制定岗位保险福利标准,记录员工保险福利信息。提供员工保险福利的统计结果,计算员工保险福利成本,为人力资源规划提供信息支持。

(9) 考勤管理模块。通过排班、考勤设置,利用刷卡模式的考勤管理。

(10) 员工绩效管理模块。人力资源部门的业务主管,根据岗位职责和员工素质要求,制定员工绩效考核内容,记录员工绩效考核信息。提供在职人员绩效考核的统计结果,为人力资源规划提供信息支持。

(11) 员工培训模块。人力资源部门的业务主管,根据岗位职责和员工素质要求,制定员工培训内容,编制员工培训计划,记录员工培训信息。提供在职人员培训的统计结果,为人力资源规划提供信息支持。

思 考 题

1. 说明什么是管理信息。
2. 说明信息系统的作用是什么。
3. 信息系统分成哪些类型?
4. 信息处理技术涉及哪些技术?

5. 说明数据库应用系统有哪些部分组成。
6. 人力资源管理系统的作用是什么？有哪些模块？
7. 应用人力资源管理软件需要具备什么条件？
8. 人力资源管理信息系统有哪些开发方式？
9. 人力资源管理信息系统的选型要考虑哪些问题？
10. 人力资源管理信息系统的产品有什么异同？

第二章 开发人力资源管理信息系统

人力资源管理信息系统是信息技术与人力资源管理方法相结合的产物,是辅助人力资源管理工作的新技术。企业开发和应用人力资源管理系统需要采用系统化的、科学化的方法,严格按照规程完成相关工作,一般来说需要经过系统的规划阶段、分析阶段、设计阶段、实施阶段、运行维护阶段。本章介绍人力资源管理信息系统的开发过程,说明人力资源管理各阶段完成的主要任务和应当注意的问题。

学习目标:
1. 了解人力资源管理信息系统开发的过程。
2. 掌握人力资源管理信息系统开发的各个阶段的主要任务和阶段成果。
3. 了解信息系统开发工具在信息系统开发中的作用。

2.1 人力资源管理信息系统的规划阶段

人力资源管理信息系统的规划阶段主要是做好开发的前期准备工作,做好系统的初步调查工作,进行系统的可行性研究。

2.1.1 前期准备工作

1. 充分认识人力资源管理信息系统的作用

企业利用信息技术管理人力资源的信息,推动和完善人力资源管理体系,要将人力资源管理信息系统的规划与其他信息系统的规划一道纳入制定企业战略目标的过程,要从企业人力资源战略与信息技术战略全局的高度出发,才能应对企业人力资源管理环境的变化,从而提高人力资源管理信息系统实施的成功率和服务水平,为提高企业的人力资源管理水平服务。企业应用和开发人力资源管理信息系统需要统一认识,做好宣传工作。

2. 成立信息系统开发领导小组

开发人力资源管理信息系统是一项复杂的系统工程,由于人力资源管理与企业发展战略密切相关,人力资源管理业务复杂、涉及的方面多,为了稳步开展开发工作,需要成立信息系统开发领导小组,以便协调部门间的业务关系。

人力资源管理信息系统开发领导小组应当由企业的主要决策者负责,其成员包括人力资源部门主管、相关业务部门的业务主管、人力资源管理专家和系统分析设计人员。系统开发领导小组负责组织、实施和监督人力资源信息系统的开发全过程。

2.1.2 初步调查

系统初步调查阶段的工作是系统开发人员结合人力资源管理的业务,调查现行管理方式的工作流程,明确要开发的新系统的边界,发现现行系统的问题,对新系统的目标、开发方法、功能结构及财务状况等逐个进行分析后,结合企业自身的财力、人力等资源的现状,进行新系统的可行性研究,确定人力资源管理信息系统建设的约束条件和实现的目标。初步调查属于概要调查。

2.1.3 编写《可行性研究报告》

1. 可行性研究

通过前期准备工作,系统开发小组对开发人力资源管理信息系统进行可行性研究论证。可行性研究的内容主要包括人力资源管理业务的现状,现行工作存在的优点和不足,说明新系统建设和管理方面是否满足条件,介绍当前新系统建设队伍的能力能否满足系统需求,论证新系统建设经费和开发方法及其开发周期,预测新系统运营后的经济效益,提出可能出现的问题及其解决预案。此外,可行性研究的结论应明确指出新系统建设是立即进行、暂缓进行还是终止进行。

2.《可行性研究报告》

《可行性研究报告》是开发信息系统的重要文档,主要包括以下内容:

(1) 介绍现行人力资源管理系统的现状,说明现行管理工作的特点和存在的不足。

(2) 从组织上、技术上、管理上分析和制定未来新的人力资源管理系统的基本结构。

(3) 说明新系统的规划。人力资源管理信息系统规划需要根据组织规模、管理规范化程度以及产品需求等基本情况确定新系统规划的年限和具体的方法,从而明确规划的性质和适用范围,确定新系统的建设目标、应具备的功能、新系统服务范围和新系统建设质量等,给出新系统的初步形态和基本框架,为新系统的分析和设计指明方向。

(4) 拟定开发方案。确定新系统建设的开发顺序,制定较为详细的开发策略,明确具体的开发方法,预测新系统的开发成本和人员需求,列出系统建设进度表。

3.《可行性研究报告》的论证

系统开发小组对《可行性研究报告》进行讨论,经过论证后决定是否进入系统分析阶段。

2.2 人力资源管理信息系统的分析阶段

人力资源管理信息系统分析阶段的工作是对现行人力资源管理系统的业务进行系统化的研究,系统开发人员通过对系统的详细调查,了解用户对数据加工的需求,通过系统化的分析人力资源管理过程,提出新系统优化和改进的逻辑模型,解决新的人力资源管理系统"做什么"的问题。最终以《系统分析报告》的形式完成本阶段的工作,系统分析阶段也称为新系统的逻辑模型设计。

2.2.1 业务及数据的详细调查

人力资源管理信息系统的可行性通过分析论证后,信息系统的开发进入详细调查阶段,主要内容包括了解企业发展的战略、明确人力资源管理的部门结构、明确各部门的职能和业务流程、明确管理业务的数据流程、制定管理规范和规章制度、改进不合理的管理流程。

1. 组织机构调查

组织机构是指企业部门的组成隶属和管理关系,通常用树型图形表示,如图 2.1 所示。

通过组织机构图可以看到企业部门间的管理隶属关系。间接反映了业务往来和信息处理关系。

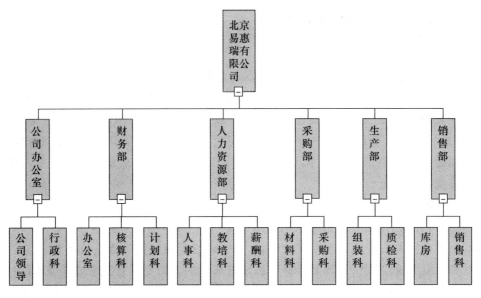

图 2.1　组织机构图

2. 系统的业务调查

系统的业务调查是对人力资源管理各个部门的业务工作进行详细调查。参照图 2.1 所示的组织机构图,人力资源部下设人事科、教培科、薪酬科。人事科负责完成人员管理(含入职、调配、离职、晋升等管理)、招聘管理、合同管理。薪酬科负责完成薪酬管理、保险福利管理、考勤管理、绩效管理。教培科负责完成培训管理。在进行业务调查时,要把各部门的工作业务及其涉及的数据了解清楚。业务功能表反映了企业部门之间的业务联系关系,如表 2.1 所示。

表 2.1　业务功能表

	人事科	薪酬科	教培科
组织机构管理	√	√	*
人员管理	√	*	*
招聘管理	√	*	*
合同管理	√	*	*
薪酬管理	*	√	
保险福利管理	*	√	
考勤管理	*	√	*
绩效管理	*	√	
培训管理	*	*	√

说明:√表示是该部门的主要业务,*表示该部门是协调业务工作的辅助单位。

2.2.2 系统化分析

通过对人力资源管理组织机构、业务功能、业务流程过程等做的详细调查和认真分析以后,就可在此基础上进行系统化的分析工作,确定人力资源管理信息系统的功能、数据处理流程和数据处理方式。

为了有效地引入信息技术辅助人力资源管理信息系统的开发,系统分析阶段可以利用信息系统的开发工具,例如数据功能 U/C 矩阵、数据流程图、数据字典、判断树等,将人力资源管理业务的数据和处理过程抽象地独立出来,为系统设计阶段建立人力资源数据库系统和设计相关功能模块奠定基础。

1. 数据功能 U/C 矩阵

数据功能 U/C 矩阵描述了信息系统的模块功能与数据间的创建(Create)和使用(Use)的关系,如表 2.2 所示。通过建立数据功能 U/C 矩阵,可以检验人力资源管理数据的正确性、完整性、一致性和无冗余性,进而确定系统的逻辑功能、模块划分和数据资源分布状况。

表 2.2 数据功能 U/C 矩阵

功能\数据	部门信息	人员信息	辅助信息	合同信息	薪酬信息	福利信息	考勤信息	培训信息	绩效信息
系统规划模块	C								
招聘模块	U	C							
人事管理	U	U	C		U	U			
合同管理	U	U	U	C	U				
薪酬模块		U	U	U	C	U			U
福利模块		U	U	U		C			U
考勤模块							C		
培训模块		U		U				C	
绩效管理		U	U						C

说明:辅助信息指人员的家庭成员、工作履历、职称、职务、学历、奖惩等信息。

例如,系统规划模块是根据企业的发展战略,规划企业的部门,设置岗位和职位,所以建立了组织机构的部门信息。招聘模块根据部门提出的人才需要,参照部门信息,创建了招聘的人员信息。人员招聘录用后,人事管理模块结合部门信息、人员信息、薪酬信息、福利信息等,创建了合同信息。

检验数据功能 U/C 矩阵设计的是否合理的依据是某列、某行不得为空行、空列,某列至少有 1 个 C。从表中可以看出系统的数据构成和功能构成。通过分析 U/C 矩阵可以大致分析出需要建立哪些数据表、建立哪些职能模块。

2. 数据流程图

数据流程图描述了信息系统的数据产生、流动、处理、去向的过程,如图 2.2 所示。

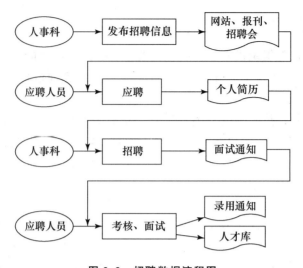

图 2.2 招聘数据流程图

图 2.2 说明简单的招聘工作的数据流程,数据分别产生于人事科和应聘人员,数据经过发布招聘信息、应聘、招聘、考核、面试等处理,最终产生发出录用通知和人才库数据结果。

3. 判断树

判断树是用来描述数据处理逻辑的图示。如图 2.3 所示,根据对员工的考核成绩和工龄得到考核等级的处理。

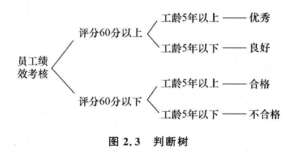

图 2.3 判断树

4. 数据字典

数据字典是用来规范信息系统中,数据和信息概念标准的说明。数据字典包括数据项、数据结构、处理逻辑、数据存储等具体含义。

2.2.3 编写《系统分析报告》

1.《系统分析报告》

经过系统分析和优化后,系统拟采用的数据存储模式和处理方法就会呈现在面前,这时需要编写《系统分析报告》。《系统分析报告》是开发信息系统的重要文档,它包括以下内容:

(1) 人力资源部门基本情况简述。

(2) 人力资源业务说明。说明新的人力资源管理模式的结构、系统的业务流程描述、业务处理工作方式、系统的数据指标体系、数据处理的流程、系统逻辑结构、系统在各业务处理环节拟采用的模型或算法。

（3）说明与人力资源管理配套的管理制度和运行体制、开发技术和开发进度等。在系统分析阶段要保留一定的扩展性。

2.《系统分析报告》的论证

《系统分析报告》编写完成之后，系统开发领导小组必须对报告进行严谨论证，尽可能发现其中的问题和疏漏，对有争论的地方应重新核实资料或深入研究。经过论证后决定是否进入系统设计阶段的工作。

2.3 人力资源管理信息系统的设计阶段

人力资源管理信息系统设计阶段的工作是在系统分析的基础上进行系统的总体设计和物理设计，建立人力资源管理信息系统的物理模型，解决"怎么做"的问题。

2.3.1 系统设计的内容

1. 总体结构设计

总体结构设计就是对系统总体框架和可以利用的资源进行宏观的设计和规划，主要工作包括功能结构设计和系统流程设计。在设计阶段要以结构化和模块化的思想为指导，借助系统分析阶段提出的功能结构图和系统流程图，将系统分解成为功能单一、但又相互联系的模块，同时要详细描述各模块之间的数据关系。

2. 代码设计

代码设计是利用数字、字母或相关符号的组合来替代各类不同形式的信息。通过设置信息的编码和校验机制，保证信息按照一种规范的格式存储，以便计算机处理。

例如，人力资源管理工作中可以对部门进行编码，部门编码方案采用2级模式，每级用2位字母表示。0100表示公司领导，0200表示财务部，0300表示人力资源部，0301表示人事科，0302表示教培科，0303表示薪酬科。

3. 物理配置设计

物理配置设计是在综合衡量系统性能指标的基础上，确定计算机硬件设备和软件系统，并明确人力资源系统采用的计算机网络体系结构。在进行物理配置设计时，首先要注意严格按照系统规划和分析的结果决定系统的配置，其次要考虑方案实现的可能性和可扩展性。

4. 输入/输出设计

输入/输出设计是为用户设计操作的界面，包括操作屏幕设计和报表格式设计。进行输入/输出设计时，要尽量符合用户的操作习惯。

5. 数据结构和数据库设计

数据结构和数据库设计的任务是根据数据的用途、使用要求、安全保密规定等特性，确定数据结构和数据操作权限等问题。在设计过程中，应该利用规范化模式和关系数据模型设计系统的数据指标体系和数据库的关系结构，然后明确网络环境下的数据资源分布，最后定义数据安全保密级别和权限。

6. 模块功能与处理过程设计

模块功能与处理过程设计是编写程序实现系统职能的基础。结合系统分析阶段的成果，使用层次模块结构图、结构化算法描述语言等信息系统设计工具，具体设计出系统所有模块的功能和处理过程，描述出模块间相互连接的方式。

2.3.2 编写《系统设计报告》

1. 《系统设计报告》

系统的设计阶段要按照规范编写《系统设计报告》。《系统设计报告》是开发信息系统的重要文档，它包括以下内容：

（1）系统总体结构图。
（2）系统分类编码方案。
（3）系统网络和硬件设备配置图。
（4）输入/输出设计方案。
（5）数据库结构图。说明数据表名称、数据项、数据项的含义等内容。
（6）系统功能设计方案。《系统设计报告》是设计阶段的最终成果，也是系统实施阶段工作的基础，设计阶段的工作论证后，可以进入信息系统的实施阶段。

2. 《系统设计报告》的论证

《系统设计报告》编写完成之后，系统开发领导小组必须对报告进行严谨论证，尽可能发现其中的问题和疏漏，对有争论的地方应重新核实资料或深入研究。经过论证后决定是否进入系统实施阶段的工作。

2.4 人力资源管理信息系统的实施阶段

人力资源管理信息系统实施阶段的工作是将系统设计阶段的成果在计算机系统和企业内加以实现，最终形成一个可操作的信息系统软件产品。由于系统实施阶段的工作涉及企业管理的诸多方面，因此在实施人力资源管理信息系统之前有必要制订周密的计划，以保证其顺利进行。

2.4.1 物理系统的安装与调试

按照系统总体设计和设备配置方案的要求选择合适的设备和供应商，安装并调试计算机系统，连接并测试计算机网络。

2.4.2 业务数据整理

人力资源管理信息系统是对数据存储和加工的系统，人力资源管理涉及的信息类型多样，如系统参数数据、基础数据和业务数据。利用数据库技术保存数据可以保证信息的安全，在应用人力资源管理信息系统前，必须整理好各类数据，做到准确、不遗漏。

2.4.3 程序设计与调试

按照《系统设计报告》的要求建立数据库和数据表结构、输入系统运行的数据。

程序设计应该遵照可靠、规范、易理解和易维护的设计目标,选用恰当的编程工具和设计方法完成计算机程序的编写。在计算机上采用各种可能的人力资源数据和操作条件对程序进行试验和检测,尽可能找出程序存在的问题并加以修正,使程序符合系统设计的要求。

程序调试完成后可以编写《系统操作说明书》,在说明书中介绍系统运行的环境、操作参数、各部分操作的方法、故障排除方法等内容。

2.4.4 用户培训

用户培训包括操作人员和员工的培训,其主要内容应该集中在系统操作方式和流程、操作注意事项、可能的故障及其排除等方面,这样做的目的是让用户更有效地参与系统的使用,加强用户和分析设计人员之间的理解和沟通。通过对用户的培训,用户具备计算机操作的技能和人力资源管理软件操作的技能。

2.4.5 系统试运行及切换

系统试运行实际上是程序调试和检测工作的延续,系统试运行通过初始化后,载入原始数据让系统运行,同时记录和核对系统的输出,以测试系统运行的速度、可靠性并发现实际运行中可能出现的问题。

系统切换是指将试运行的系统应用到实际中,替代原有业务操作的过程。信息系统的切换可以根据时间、费用、复杂程度等因素决定采用直接切换、并行切换还是分段切换的方式进行,从而完成系统的平稳过渡。

2.4.6 《系统测试报告》

《系统测试报告》是开发信息系统的重要文档,主要说明系统试运行的结果,通过测试验证信息系统能否满足设计的需要,检验其是否达到了预期的设计目标。

2.5 系统的运行维护及评价

2.5.1 系统的运行维护

系统的运行维护是系统正常使用后所从事的管理工作,系统日常管理的内容主要包括管理机器的运行、基础数据的管理、系统运行情况的记录和维护等工作。

人力资源管理信息系统的运行维护工作主要指人力资源管理系统各模块能否正常操作、出现故障后及时排除、通过技术措施保证数据信息的可靠性和安全性。

2.5.2 系统的评价

系统评价是指信息系统运行了一段时间后,需要对系统进行评价,通过评价来评估系统运行状况怎样、系统存在的不足、系统对企业的影响等内容,通过评价及时发现和改进问题。

思 考 题

1. 系统规划阶段的主要工作是什么?

2. 为什么要成立系统开发领导小组？由哪些成员组成？
3. 系统初步调查阶段完成什么工作？
4. 可行性研究的主要内容是什么？
5. 系统的分析阶段主要的工作是什么？
6. 系统的初步调查和详细调查的区别是什么？
7. 《系统分析报告》主要内容包括哪些？
8. 系统设计阶段要设计哪些内容？
9. 《系统设计报告》主要内容包括哪些？
10. 系统实施阶段完成的工作是什么？
11. 对用户的培训要培训哪些内容？
12. 对系统的评价要评价哪些内容？

第三章 构建人力资源管理信息系统

构建人力资源管理信息系统是系统管理员根据企业的实际情况,通过建立用户、设置用户权限、管理账套等工作,为企业建立一个可运行的人力资源管理信息系统平台。本章介绍构建人力资源管理信息系统要完成的工作,重点说明构建人力资源管理信息系统的操作方法。

学习目标:
1. 了解账套、用户、权限、账套的输出、引入的概念。
2. 掌握建立用户、设置用户操作权限的方法。
3. 掌握建立账套、修改账套的方法。
4. 掌握输出账套、引入账套的操作方法。

3.1 构建人力资源管理信息系统的概述

构建人力资源管理信息系统是指企业利用信息技术实施人力资源管理的基础工作,通过设置人力资源管理信息系统的账套、建立用户等操作,为企业搭建实施人力资源管理信息系统的平台。

3.1.1 构建人力资源管理信息系统的业务介绍

1. 账套

账套是指与企业人力资源管理有关的数据集合及其应用程序规范的集合。账套中保存了账套的基本信息、企业的基本信息、账套的参数信息。

利用人力资源管理信息系统进行管理时,要构建人力资源管理信息系统的账套,与企业人力资源管理有关的所有业务数据保存到账套中。企业进行人力资源管理可以建立一个账套,对于集团企业及其下属公司的企业,可以建立多个账套,这样可以对人力资源的信息分别管理。每个账套有唯一的账套号,用户通过账套号管理有关信息。

账套管理是指建立账套、修改账套、清空年度数据、输出/引入账套等操作。
(1)建立账套。建立账套需要输入账套信息,有关信息保存到《账套信息表》。
例如,设置账套编号、启用时间、单位信息、设置账套启用的模块、数据的编码方案等。
(2)修改账套。当账套的信息有变化时,可以修改账套信息。
例如,法人、网站信息、单位电话等信息变更时可以修改账套。
(3)清空年度数据。将年度内账套存储的信息删除。
(4)输出账套。为了防止系统故障而引发的系统崩溃,需要输出账套,将账套数据备份。
(5)引入账套。当系统出现故障时可以引入账套,恢复系统正常操作。

2. 人力资源管理信息系统的模块

人力资源管理信息系统包括 HR 基础设置、人事管理、薪资管理、保险福利管理、计件薪资管理、考勤管理、人事合同管理、招聘管理、培训管理、宿舍管理、绩效管理等模块。

企业可以根据人力资源管理业务的需要启用上述模块。模块启用后,每个模块都应当有专人负责管理,这样可以保证系统的安全。账套建立完成后,用户可以在系统的控制下完成人力资源管理的业务工作。

3. 用户及其权限

人力资源管理信息系统的各个模块需要有专人负责管理,所以需要建立用户,设置用户对模块的操作权限。

人力资源管理信息系统涉及的用户包括:

(1) 系统管理员。负责建立账套、设置账套的初始参数、建立账套管理员、输出/引入系统内所有账套的数据。

(2) 账套管理员。负责设置某个账套的详细信息、设置账套启用的模块、设置账套的运行参数、建立账套的操作员、输出/引入某个账套的数据。一个账套至少由一名账套管理员负责管理账套。

(3) 账套操作员。负责完成某个账套的人力资源管理的业务工作。

例如,当人力资源管理信息系统启用了人事管理模块后必须由专人负责这个模块的应用,所以,企业建立人力资源管理信息系统后,需要建立多个操作员负责完成对应的管理职能。

用户管理的操作包括:

(1) 建立用户。输入用户信息,如用户编号、姓名、电话、邮箱等。

(2) 修改用户。用户的信息有变化时可以修改用户信息。

(3) 删除用户。用户的信息可以删除。

(4) 设置用户权限。确定用户对哪些模块有操作权限。

3.1.2 业务操作流程

1. 构建人力资源管理信息系统的操作流程

构建人力资源管理信息系统的操作流程如下:

(1) 系统管理员建立账套管理员和账套操作员用户。

需要提供账套管理员、账套操作员的编码、名称、密码、邮箱、电话、操作权限等信息。

(2) 系统管理员建立账套,输入账套的基本信息,确定启用的模块。

需要提供账套文件夹、账套的启用时间、账套名称、企业的基本信息、启用模块等信息。

(3) 账套管理员修改账套,设置账套的详细信息、启用的模块、设置运行的参数。

(4) 账套管理员设置账套操作员的操作权限。

账套管理员是账套的主管,要为账套操作员设置业务操作权限。

(5) 系统管理员或账套管理员输出/引入账套。

需要提供输出/引入账套的结果文件夹。

2. 构建人力资源管理信息系统的操作流程图

如图 3.1 所示构建人力资源管理信息系统的操作流程图。

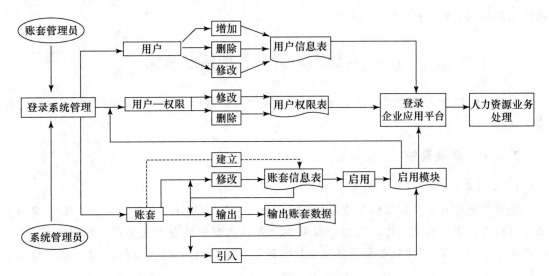

图 3.1 构建人力资源管理信息系统的操作流程图

说明：图 3.1 中虚线表示只有系统管理员可以操作。

3.1.3 账套系统的构成

1．数据结构

账套系统包括账套管理和用户管理，由《账套信息表》、《系统模块表》、《用户信息表》、《用户权限表》组成。数据表与数据表之间按照账套号或用户编号相等的原则建立数据关联关系，实现信息共享。

(1) 账套信息表按照账套号保存企业的账套信息和单位情况信息，包括账套号、账套名称、会计期间、账套路径、是否集团账套、单位名称、机构代码、单位简称、单位域名、法人代表、联系电话、电子邮件、税号、建立账套时间、账套主管用户编号等数据项。

(2) 系统模块表保存人力资源管理信息系统所有模块的名称和启用特征，包括模块代码、模块名称、启用特征(1：启用，0：未启用)、启用时间等数据项。

(3) 用户信息表按照用户编号保存用户的基本信息，包括用户编号、姓名、用户类型、认证方式、口令、所属部门、E-mail 地址、手机号、所属角色等数据项。

(4) 用户权限表按照用户编号保存用户操作模块的权限信息，包括用户编号、模块名称等数据项。

2．功能结构

用友软件的【系统管理】模块可以管理账套信息表、系统模块表、用户信息表、用户权限表的信息。

(1) 系统管理员。

利用【建立账套】的职能可以管理账套信息表的数据。利用【启用系统】的职能可以管理系统模块表的数据。利用【建立用户】的职能可以管理用户信息表的数据。利用【账套输出】的职能可以输出账套的数据。利用【账套引入】的职能可以引入账套的数据。

(2) 账套主管。

利用【修改账套】的职能，可以修改账套信息表的数据。利用【权限】的职能，可以设置和修改用户权限表的数据。

3.2 构建人力资源管理信息系统

本节介绍构建人力资源信息系统的过程,说明用户管理、账套管理、用户权限管理的操作方法。

3.2.1 登录系统

1. 案例介绍

北京易惠瑞有限公司简称北京易惠瑞,自2014年1月1日起,使用人力资源管理信息系统进行人力资源管理工作。人力资源部主管张强负责全面管理人力资源信息系统、李娜负责人事管理工作,现建立账套并将账套信息进行账套输出。系统管理员(admin)完成以下操作:

(1) 建立北京易惠瑞有限公司的账套,账套保存位置"d:\u8soft"文件夹,信息保存到如表3.1所示的账套信息表。账套的启用时间是2014年1月1日,启用与人力资源管理有关的所有程序模块,信息保存到表3.2所示的系统模块表。

表 3.1 账套信息表(实验数据)

序号	信息项	信息值
1	账套号	001
2	账套名称	北京易惠瑞有限公司
3	会计期间	2014年1月
4	账套路径	d:\u8soft
5	是否集团账套	否
6	单位名称	北京易惠瑞有限公司
7	机构代码	北京易惠瑞有限公司001(模拟数据)
8	单位简称	北京易惠瑞
9	单位域名	www.ehr.com
10	法人代表	王强
11	联系电话	60010001
12	电子邮件	abc000@163.com
13	税号	暂缺
14	账套主管用户编号	101张强
15	建立账套时间	2014年1月1日

表3.2 系统模块表(简表)

序号	模块代码	模块名称	启用特征	启用时间
1	0100	HR基础设置	1	2014-01-01
2	0200	人事管理	1	2014-01-01
3	0300	薪资管理	1	2014-01-01
4	0400	保险福利管理	1	2014-01-01
5	0500	计件薪资管理	0	-
6	0600	考勤管理	1	2014-01-01
7	0700	人事合同管理	1	2014-01-01
8	0800	招聘管理	1	2014-01-01
9	0900	培训管理	1	2014-01-01
10	1000	宿舍管理	0	-
11	1100	绩效管理	1	2014-01-01

(2)建立用户张强、李娜,输入个人资料信息,信息保存到表3.3所示的用户信息表。

表3.3 用户信息表(简表)

序号	用户编号	姓名	用户类型	口令	所属部门	所属角色
1	101	张强	普通用户	111111	人力资源部	账套主管
2	102	李娜	普通用户	111111	人力资源部	普通员工

(3)设置张强、李娜的权限。张强作为账套主管、李娜作为人事管理主管,信息保存到表3.4所示的用户权限表。

表3.4 用户权限表(简表)

序号	用户编号	所属账套	模块名称
1	101	001	0100
2	102	001	0200
3	102	001	0300

说明:102用户可以操作001账套的0200、0300模块。

(4)账套数据输出到"data_backup/chapter_3"文件夹。

2. 登录系统

选择"开始"→"程序"→"用友U8V10.0"→"系统服务"→"系统管理"选项,出现图3.2所示的系统管理—登录窗口。

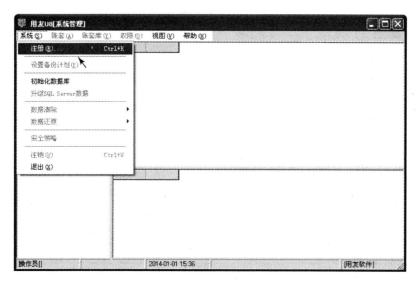

图 3.2　系统管理—登录

在图 3.2 所示的系统管理—登录窗口,选择"系统"→"注册"选项,出现图 3.3 所示的"登录"窗口。

图 3.3　"登录"窗口

在图 3.3 所示的"登录"窗口,输入操作员、密码、账套等数据,单击"登录"按钮,出现图 3.4 所示的系统管理—账套窗口。

说明:

(1) 在图 3.3 所示的"登录"窗口,以系统管理员的身份登录时,操作员名称输入"admin",密码为空,单击"登录"按钮,出现图 3.4 所示的系统管理—账套窗口。系统管理员在图 3.4 所示的"系统管理—账套"窗口,能够管理账套和用户。

(2) 在图 3.3 所示的"登录"窗口,以账套管理员的身份登录时,输入账套管理员的名称和密码,单击"登录"按钮,出现图 3.4 所示的系统管理—账套窗口。账套管理员在图 3.4 所示的系统管理—账套窗口,能够管理所属企业的账套。

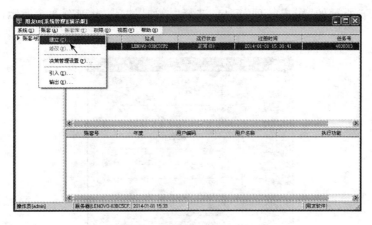

图 3.4 系统管理—账套

3.2.2 用户管理

用户管理是指建立、修改、删除用户信息的操作,用户信息保存在用户信息表中。

1. 增加用户的操作

(1) 成功登录到系统后,出现如图 3.5 所示的系统管理—权限窗口。

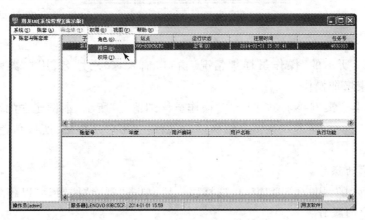

图 3.5 系统管理—权限

(2) 在图 3.5 所示的系统管理—权限窗口,选择"权限"→"用户"选项,出现图 3.6 所示的"用户管理"窗口。

图 3.6 "用户管理"窗口

(3) 在图3.6所示的"用户管理"窗口,选择"增加"选项,出现图3.7所示的"操作员详细情况"窗口。

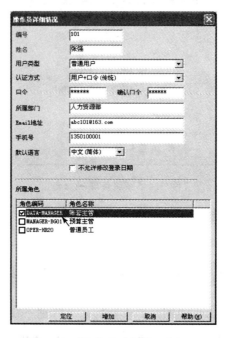

图3.7 "操作员详细情况"窗口

(4) 在图3.7所示的"操作员详细情况"窗口,输入编号、姓名、用户类型等选项,单击"增加"按钮,结束增加操作。

说明:按照本章案例要求,如图3.7"操作员详细情况"所示,本例建立的用户是张强,所属角色是账套主管。按照本章案例介绍所述,可以建立用户是李娜,所属角色是普通员工的账套操作员。

2. 删除用户的操作

在图3.6所示的"用户管理"窗口,选择用户后,单击"删除"按钮,可以删除用户的信息。

3. 修改用户的操作

在图3.6所示的"用户管理"窗口,选择用户后,单击"修改"按钮,可以修改用户的信息。

4. 输出用户的操作

在图3.6所示的"用户管理"窗口,单击"输出"按钮,可以将用户信息输出到指定的Excle格式的文件。

3.2.3 账套管理

账套管理是指建立、修改账套信息的操作,账套信息保存在账套信息表中。

1. 建立账套

建立账套是指系统管理员创建账套、设置账套参数、保存单位信息、保存启用模块信息的操作。

(1) 在图3.4所示的系统管理—账套窗口,选择"账套"→"建立"选项,出现图3.8所示的创建账套—步骤1窗口。

图3.8 创建账套—步骤1

（2）在图3.8所示的创建账套—步骤1窗口，选择"新建空白账套"按钮，单击"下一步"按钮，出现图3.9所示的创建账套—步骤2窗口。

图3.9 创建账套—步骤2

说明：账套号不得重复。账套路径是保存账套数据的文件夹，系统管理员可以根据需要更换账套路径。

（3）在图3.9所示的创建账套—步骤2窗口，输入"账套号"、"账套名称"、"账套路径"、"启用会计期"等数据项，单击"下一步"按钮，出现图3.10所示的创建账套—步骤3窗口。

图3.10 创建账套—步骤3

说明：单位名称必须输入，其他信息根据实际情况输入，部分信息项可以空缺，后期可以利用修改账套的功能，完善单位信息。

（4）在图 3.10 所示的创建账套—步骤 3 窗口，输入单位信息，单击"下一步"按钮，出现图 3.11 所示的创建账套—步骤 4 窗口。

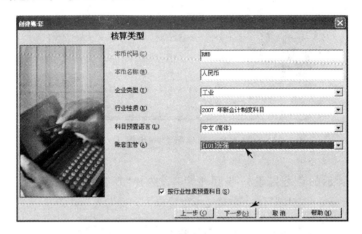

图 3.11　创建账套—步骤 4

说明：由于建立用户时已经建立了张强为账套主管，所以在此选择账套主管为张强。如果事先没有建立账套主管，这里可以先从列表中任意选一个作为账套主管，等明确了账套主管后，后期可以利用修改账套的功能确定账套的主管。

（5）在图 3.11 所示的创建账套—步骤 4 窗口，输入"核算类型"的数据项，"账套主管"选择"张强"，单击"下一步"按钮，出现图 3.12 所示的创建账套—步骤 5 窗口。

图 3.12　创建账套—步骤 5

说明：这里可以采用默认的设置方式。

（6）在图 3.12 所示的创建账套—步骤 5 窗口，勾选"基础信息"选项，单击"下一步"按钮，出现图 3.13 所示的创建账套—步骤 6 窗口。

图 3.13 创建账套—步骤 6

(7) 在图 3.13 所示的创建账套—步骤 6 窗口,计算机自动完成"初始化环境"、"配置账套信息"等操作,单击"完成"按钮,出现图 3.14 所示的创建账套—步骤 7 窗口。

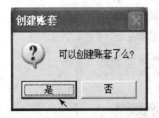

图 3.14 创建账套—步骤 7

图 3.15 创建账套—步骤 8

(8) 在图 3.14 所示的 创建账套—步骤 7 窗口,单击"是"按钮,出现图 3.15 所示的创建账套—步骤 8 窗口。

(9) 在图 3.15 所示的创建账套—步骤 8 窗口,单击"是"按钮,出现图 3.16 所示的创建账套—步骤 9 窗口。

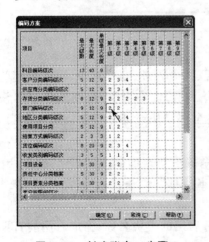

图 3.16 创建账套—步骤 9

图 3.17 创建账套—步骤 10

(10) 在图 3.16 所示的创建账套—步骤 9 窗口,单击"确定"按钮,出现图 3.17 所示的创建账套—步骤 10 窗口。

说明:当一级部门多于 10 个时,为了扩展的需要,将部门编码级次第 1 级设置为 2。

(11) 在图 3.17 所示的创建账套—步骤 10 窗口,单击"确定"按钮,出现图 3.18 所示的创建账套—步骤 11 窗口。

图 3.18　创建账套—步骤 11

(12) 在图 3.18 所示的创建账套—步骤 11 窗口,单击"否"按钮,账套建立完毕。单击"是"按钮,出现图 3.19 所示的"系统启用"—1 窗口。

图 3.19　"系统启用"—1 窗口

说明:人力资源管理信息系统包括 HR 基础设置、人事管理、薪资管理、保险福利管理、计件薪资管理、考勤管理、人事合同管理、招聘管理、培训管理、宿舍管理、绩效管理等模块。企业根据业务管理的需要,可以在不同时间启用上述全部模块或部分模块。建立账套时如果不能确定启用哪些模块,可以暂时不做设置。

账套管理员根据业务工作的需要可以随时启用系统模块。选择"开始"→"程序"→"用友 U8V10.0"→"企业应用平台"→"基础设置"→"基本信息"→"系统启用"选项,出现图 3.19 所示的"系统启用"—1 窗口,设置启用的模块。

(13) 在图 3.19 所示的"系统启用"—1 窗口,勾选启用的模块名称,确定启用的日期,即可启用该模块。单击"退出"按钮,出现图 3.20 所示的"系统启用"—2 窗口。

第三章 构建人力资源管理信息系统

图 3.20 "系统启用"—2 窗口

通过以上操作,计算机中建立了账套,为后期进行人力资源管理业务工作打下了基础。

2. 修改账套

在人力资源信息系统的日常使用中,由于单位的基本信息有可能改变,例如法人变更、联系电话变更等情况发生,为了保证数据库信息的准确,账套主管可以修改账套的基本信息,以此保证账套信息的真实和准确。

(1) 选择"开始"→"程序"→"用友 U8V10.0"→"系统服务"→"系统管理"→"注册"选项,出现图 3.21 所示的"登录"窗口。

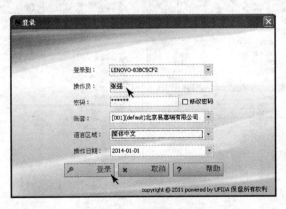

图 3.21 "登录"窗口

(2) 在图 3.21 所示的"登录"窗口,以张强的身份登录到系统,"操作员"输入"张强"、"账套"选择"北京易惠瑞有限公司",单击"登录"按钮,出现图 3.22 所示的系统管理窗口。

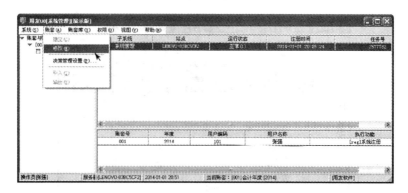

图 3.22 系统管理窗口

在图3.22所示的系统管理窗口,选择"账套"→"修改"选项,出现图3.9所示的创建账套—步骤2窗口,后续操作与建立账套的过程类似,账套管理员可以根据实际需要设置内容即可完成账套的修改操作,在此就不详述了。

3.2.4 用户权限管理

1. 设置用户权限

人力资源管理由一系列模块组成,每个模块都应当有专人负责管理,称为账套操作员。为了明确职责需要设置用户的权限。用户权限的信息保存在用户权限信息表中。

2. 设置用户权限的操作

(1) 账套管理员登录账套后,出现图3.22所示的系统管理窗口,选择"权限"→"权限"选项,出现图3.23所示的"操作员权限"窗口。

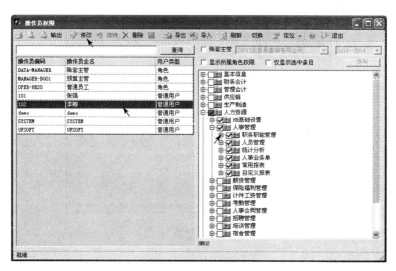

图 3.23 "操作员权限"窗口

(2) 在图3.23所示的"操作员权限"窗口,选择窗口左侧的操作员,窗口右侧出现对应的操作权限,选择"修改"选项,在权限名前勾选对应选项,即可设置用户的权限。

说明：本例中，账套管理员张强设置李娜的权限，李娜负责人力资源模块的 HR 基础设置和人事管理的使用权限，所以在对应选项前进行了勾选。

3.2.5 输出账套

1. 输出账套

输出账套是把当前系统中的数据备份保存到指定文件夹的操作，备份的内容可以经过引入操作还原成为账套的数据。所以，输出账套是为了防止由于操作人员误操作或者删除重要信息后，导致系统崩溃而采取的保护措施。

2. 输出账套的操作

(1) 账套管理员登录账套后，出现图 3.22 所示的系统管理窗口。在图 3.22 所示的系统管理窗口，选择"账套库"→"输出"选项，出现图 3.24 所示的"输出账套库数据"窗口。

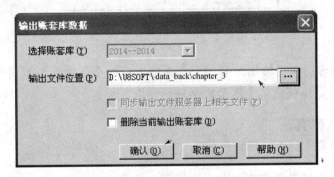

图 3.24 "输出账套库数据"窗口

说明：本例创建了"data_back\chapter_3"文件夹，用于保存账套输出的结果。

(2) 在图 3.24 所示的"输出账套库数据"窗口，单击"…"按钮，出现图 3.25 所示的"请选择账套库备份路径"窗口，选择输出文件的位置。

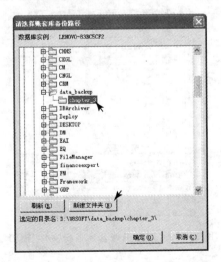

图 3.25 "请选择账套库备份路径"窗口

(3) 在图 3.25 所示的"请选择账套库备份路径"窗口，创建备份文件夹，单击"确定"按钮,计算机进行账套输出并显示"输出成功"的提示。如图3.26所示资源管理器窗口,显示"data_back\chapter_3"文件夹的输出账套结果文件。

图 3.26　资源管理器

说明:系统管理员执行输出账套的操作将把系统内全部账套数据进行输出。账套管理员执行输出账套的操作将把某个账套数据进行输出。

3.2.6　引入账套

1. 引入账套

引入账套是把经过输出的账套引入恢复到当前系统的操作。账套引入是系统崩溃后还原系统而采取的修复措施。

2. 引入账套的操作

(1) 账套管理员登录账套后,出现图3.22所示的系统管理窗口。在图3.22所示的系统管理窗口,选择"账套库"→"引入"选项,出现图3.27所示的"请选择账套库备份文件"窗口。

图 3.27　"请选择账套库备份文件"窗口

说明:本例选择了"data_back\chapter_3"文件夹,用于账套引入。

(2) 在图3.27所示的"请选择账套库备份文件"窗口,选择引入文件的位置。单击"确定"按钮,出现图 3.28 所示的"请选择账套库备份文件"窗口。

图 3.28 "引入账套库数据"窗口

(3) 在图 3.28 所示的"引入账套库数据"窗口,单击"开始引入"按钮,计算机进行账套引入并显示恢复成功的提示,结束引入账套的操作。

思 考 题

1. 对账套的管理包括哪些方面?
2. 用户分成哪些类别?
3. 对用户的管理包括哪些方面?
4. 模块启用的作用是什么?
5. 输出账套和引入账套的作用是什么?

第四章　人力资源规划模块

人力资源规划以企业发展战略为指导，通过制定和调整人力资源管理的计划，建立一套企业人力资源管理体系。人力资源规划涉及规划人力资源基础档案信息、设置部门机构、设置部门职务职责和人员编制、设置部门岗位职责和人员编制等内容。本章介绍人力资源规划完成的任务和操作流程，详细说明人力资源规划中构建部门机构框架体系的操作过程。

学习目标：
1. 了解人力资源规划主要完成的任务和操作流程。
2. 了解人力资源基础档案的作用，掌握管理人力资源基础档案的操作方法。
3. 掌握设置企业部门机构的方法。
4. 掌握按照职务、岗位设置部门人员编制的操作方法。

4.1　人力资源规划的概述

人力资源规划是在企业发展战略和经营规划的指导下，对企业在某个时期的组织机构、人员配置进行分析和预测，根据分析结果设计出完善的、适合企业发展需要的人力资源管理的框架体系。

4.1.1　人力资源规划的业务

人力资源规划的内容包括人力资源总体规划和人力资源业务规划两方面工作。

1. 人力资源总体规划

人力资源总体规划是指对规划期内人力资源管理的总体描述，根据企业总体发展战略的目标，制定企业人力资源管理的政策和人员配置方案，主要工作包括：

（1）规划企业的组织结构，设计企业部门构成、职位职责、岗位职责及人员编制数构建企业的部门机构框架。

（2）确定人力资源的人工成本、规划和制定企业员工的薪酬和保险福利标准。

（3）制定人力资源管理的制度体系。例如，制定招聘、晋升、降职、培训、薪资、奖惩、薪酬、保险福利等政策。

2. 人力资源业务规划

人力资源业务规划是人力资源总体规划的具体实施，主要完成以下任务：

（1）管理人力资源管理的基础档案信息。

（2）建立企业的组织机构。结合企业的发展战略，设计企业的部门构成、部门职能、部门间的关系。

（3）确定部门的人员编制，制订职务配置计划和职务职责，制订岗位配置计划和岗位职责。

(4) 根据部门的人员配置计划,确定员工的薪酬标准。

(5) 制订招聘计划。根据任职资格和岗位需求,确定招聘人员的数量、来源、范围、薪酬、福利标准。

(6) 制订人员晋升计划。根据选拔标准,确定各部门的职务、岗位、职称晋升的人数。

(7) 制订培训计划。根据部门岗位的需求,确定培训计划、内容、人员安排、考核标准。

(8) 制订薪资激励计划。根据激励机制,确定薪资、福利奖酬措施。

(9) 制订员工合同计划。根据员工的岗位,确定企业与员工的劳动关系签订劳动合同。

人力资源规划的业务工作流程包括收集资料、人力资源需求分析、制定规划政策、实施人力资源规划、人力资源规划评估、人力资源规划反馈与修正。

总之,人力资源规划是结合企业发展的实际需要管理人力资源的基础档案信息、设置企业的部门、按照职务确定部门所需要的人数和职务职责、按照岗位设置部门所需要的岗位人数和岗位职责。人力资源规划与薪酬规划、保险福利规划、考核培训规划、业绩评价规划、人员招聘规划、人事管理规划等业务相结合,构建出企业人力资源管理的框架体系。

4.1.2 人力资源规划模块

1. 人力资源规划模块的任务

人力资源规划模块将人力资源管理涉及的基础档案信息、部门机构信息、职务职责信息、岗位职责信息,通过技术方法统筹管理,辅助企业进行人力资源管理工作。

2. 人力资源规划的业务流程

人力资源规划阶段的业务工作流程包括:

(1) 基础档案信息维护。结合信息处理的实际需要完善基础档案信息。

(2) 企业信息维护。维护企业的基本信息。

(3) 部门档案维护。维护部门档案信息。

(4) 职务档案维护。维护部门的职务信息。

(5) 岗位档案维护。维护部门的岗位信息。

(6) 编制档案维护。维护部门的职务编制和岗位编制信息。

3. 人力资源规划的业务流程图

人力资源规划的业务流程图如图4.1所示。

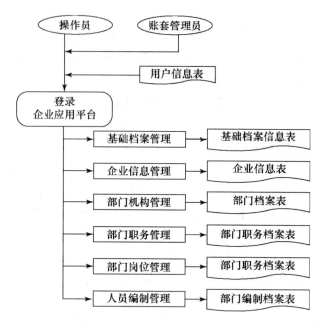

图 4.1 人力资源规划的业务流程图

4.1.3 人力资源规划模块的系统构成

1. 数据结构

人力资源规划的数据信息以表格的形式保存,包括基础档案信息和业务档案信息。

(1) 基础档案信息。

基础档案信息表分为系统标准的基础档案信息和自定义的基础档案信息,用于填写人员信息时供选择使用,操作时以列表的形式供用户从中选择一项数据。

① 系统标准的基础档案信息。

系统标准的基础档案信息指民族、政治面貌、民主党派、职称名称、学历名称、学校名称、专业名称、行政地区名称等,属于系统标准的基础档案信息,预先保存在计算机系统中,实际应用时可以根据需要添加、删除、修改基础档案信息的内容。

② 自定义的基础档案信息。

像血型、爱好等信息是计算机预先没有保存的数据,需要自行定义和输入,属于自定义的基础档案信息。

(2) 业务档案信息。

业务档案信息,如企业单位信息、企业部门信息、部门的职务信息、部门的岗位信息、岗位要求信息、职务要求信息、制度信息等,都是结合企业实际情况的数据集合。

单位信息表按照企业编码保存单位的信息。

部门档案表按照企业编码保存企业部门的基本信息。

部门职务档案表按照部门编码保存部门的职务配置信息。

部门岗位档案表按照部门编码保存部门的岗位配置信息。

部门编制档案表按照部门编码保存部门的人员编制信息。

2. 系统的主要职能

人力资源规划模块为人力资源部门的操作人员提供了对数据表记录进行增加、修改、删除、查询、输出等操作。作为管理职能，人力资源规划模块也提供了大量实时的信息统计、报表生成等操作，以便业务人员能够得到人力资源管理相关信息的统计结果并及时打印。

4.2 人力资源规划模块的应用

本节介绍人力资源规划模块的操作过程，说明部门机构管理、部门职务设置、部门岗位设置、人员编制设置的操作方法。

4.2.1 登录系统

1. 案例介绍

北京易惠瑞有限公司建立账套后，人力资源管理部门根据企业制定的人力资源规划，完成企业的基本信息、设置部门、设置部门的职务职责、设置部门的岗位职责、设置部门人员编制等工作，构建出企业人力资源管理的部门机构框架体系。

本案例介绍账套管理员维护基础档案、单位信息表、部门档案表、部门职务档案表、部门岗位档案表、部门人员编制信息表的操作方法。

2. 登录系统

账套管理员选择"开始"→"程序"→"用友 U8V10.0"→"系统服务"→"企业应用平台"选项，出现图 4.2 所示的"登录"窗口。

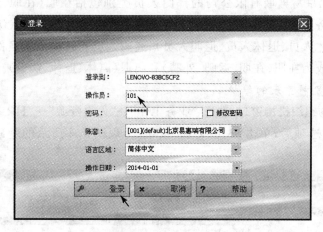

图 4.2 "登录"窗口

在图 4.2 所示的"登录"窗口，输入"操作员"、"密码"、"账套"等信息，单击"登录"按钮，出现图 4.3 所示的组织机构。

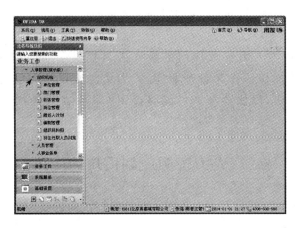

图 4.3 组织机构

4.2.2 基础档案的管理

1. 基础档案的作用

在人力资源管理工作中需要填写类似行政区域、职称、学历、学校、血型、爱好等数据项，它们都预先保存在对应的基础档案数据表中，如行政区域表、职称表、学历表、学校表、职业表、民族表、地区表、血型表、爱好表等，这些数据表的数据可以随时修改，以符合人力资源管理业务数据处理的需要。基础档案由一系列数据表组成，例如人员类别表、职务簇表、政治面貌代码表、学位表等。

2. 人员类别档案表的案例说明

【案例 4.1】 北京易惠瑞有限公司的部门人员类别包括在职（在职、返聘、外聘）、离退（离休、退休、病退）等类型。在基础档案管理中，部门人员类别档案表默认的数据包括在职人员、离退人员（离休人员、退休人员、退职人员）、离职人员和其他。本案例需要根据人事管理的需要调整数据成为在职（在职、返聘、外聘）和离退（离休、退休、病退）。

3. 部门人员类别档案表的维护

在图 4.3 所示的组织机构窗口，选择"业务工作"→"人力资源"→"HR 基础设置"→"系统设置"→"基础档案"选项后，单击"人员类别"按钮，出现图 4.4 所示的基础档案—人员类别窗口。

图 4.4 基础档案—人员类别

在图4.4所示的基础档案—人员类别窗口,可以做以下操作:
(1)增加人员类别档案。
选择"增加"→"档案项"选项,出现图4.5所示的"增加档案"窗口,输入档案名称信息后,单击"确定"按钮,返回到图4.4所示的基础档案—人员类别窗口。

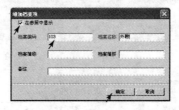

图4.5 "增加档案"窗口

(2)修改人员类别档案
选择"修改"选项,输入修改的内容后,返回到图4.4所示的基础档案—人员类别窗口。
说明:按照【案例4.1】的要求本例增加在职人员—外聘人员类别窗口。

4.2.3 单位信息的管理

1. 单位信息表的作用

单位信息表保存单位的基本信息。系统管理员建立账套时,提供了简单的单位信息,由于单位信息项(如单位法人、单位联系方式等)可能发生改变,为了保证单位信息的准确,账套管理员负责维护单位信息表存储的信息。

2. 单位信息表的维护

在图4.3所示的组织机构窗口,选择"基础设置"→"基础档案"→"机构人员"→"本单位信息"选项后,出现图4.6所示的单位信息—1窗口。

图4.6 单位信息—1

图4.7 单位信息—2

在图4.6所示的单位信息—1窗口,修改有关内容后,单击"下一步"按钮,出现图4.7所示的单位信息—2窗口。

在图4.7所示的单位信息—2窗口,修改有关内容后,单击"完成"按钮,返回到图4.3所示的组织机构窗口。

在图4.3所示的组织机构窗口,选择"业务工作"→"人力资源管理"→"人事管理"→"组织机构"→"单位管理"选项后,出现图4.8所示的单位管理窗口。

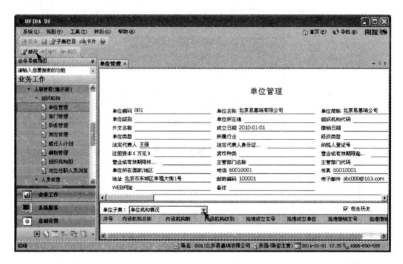

图 4.8 单位管理

在图4.8所示的单位管理窗口,单击"修改"按钮,修改有关内容并保存后,返回到图4.8所示的单位管理窗口。

4.2.4 部门档案的管理

1. 部门档案表的作用

企业根据总体战略发展的规划,结合经营管理的需要设置部门机构,部门与部门之间存在并列关系、上下级关系,部门档案表保存企业的部门信息。

例如,按照业务职能的不同,企业的财务部、人力资源部、采购部、生产部、销售部属于并列关系。人力资源部管辖人事科、教培科、薪酬科,属于上下级关系。

2. 部门档案表的构成

部门档案表属于业务档案数据表,主要包括部门编码、部门名称、负责人、部门属性、部门类型、电话、传真、邮政编码、地址、电子邮件、信用额度、信用等级、信用天数、成立日期、撤销日期、批准文号、批准单位、备注等数据项。

(1) 部门编码自左向右具有语义含义,根据管理的需要,可以设计成为多级模式。

例如,如果部门编码为"＊＊　＊＊"模式,表示采用2级模式,每级2位编码。0000、0100、0200、…、9900表示一级部门。0100、0101、0102、…、0199表示0100部门下属的二级部门。

(2) 部门档案表的部门编码不得重复,其他信息项根据实际需要命名。

3. 部门档案表的案例说明

【案例4.2】 北京易惠瑞有限公司根据公司发展的战略,规划组建公司的部门机构,如表4.1所示北京易惠瑞有限公司部门档案表。部门编码第1、2位表示一级部门,第3、4位表示二级部门。部门编制数包括职务编制和岗位编制。例如,0101 公司领导职务编制包括总经理 1 人、4 位副总经理。岗位编制包括秘书岗 4 人。0102 行政科职务编制包括行政科长 1 人、岗位编制包括科员 9 人。

表 4.1　北京易惠瑞有限公司部门档案表(简表)　总编制:150 人

序号	部门编码	部门名称	职务编制	岗位编制	部门编制合计
1	0100	公司办公室	6	13	19
2	0101	公司领导	5	4	9
3	0102	行政科	1	9	10
4	0200	财务部	4	13	17
5	0201	办公室	2	3	5
6	0202	核算科	1	5	6
7	0203	计划科	1	5	6
8	0300	人力资源部	4	15	19
9	0301	人事科	2	5	7
10	0302	教培科	1	6	7
11	0303	薪酬科	1	4	5
12	0400	采购部	3	14	17
13	0401	材料科	2	5	7
14	0402	采购科	1	9	10
15	0500	生产部	3	58	61
6	0501	组装科	2	50	52
17	0502	质检科	1	8	9
18	0600	销售部	3	14	17
19	0601	库房	2	5	7
20	0602	销售科	1	9	10
21	合计		23	127	150

4. 部门档案表的维护

在图 4.3 所示的组织机构窗口,选择"基础设置"→"基础档案"→"机构人员"→"部门档案"选项后,出现图 4.9 所示的部门档案窗口。

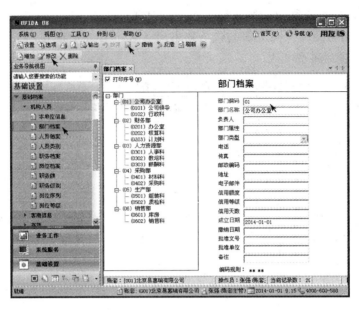

图 4.9 部门档案

(1) 增加部门档案。

在图 4.9 所示的部门档案窗口,单击"增加"按钮,出现图 4.9 所示的部门档案窗口,输入部门的信息后,单击"保存"按钮,部门档案信息保存到部门档案数据表。

说明:增加部门档案时,先增加上级部门,再增加下级部门。

(2) 修改部门档案。

在图 4.9 所示的部门档案窗口,选择部门名称后,单击"修改"按钮,修改部门的信息,单击"保存"按钮,部门档案信息保存到部门档案数据表。

(3) 删除部门档案。

在图 4.9 所示的"部门档案"窗口,选择部门名称后,单击"删除"按钮,所选择的部门从部门档案表中删除。

说明:删除部门档案时,先删除下级部门,再删除上级部门。对于没有正式启用的部门,可以随时删除其部门的信息。对于已经启用的部门,为了保存企业部门的历史信息,删除部门信息是指系统将禁止用户维护部门的数据,应当实施撤销操作。

(4) 打印企业部门信息。

在图 4.9 所示的部门档案窗口,单击"输出"按钮,部门档案保存成为 Excel 格式的文件。

4.2.5 部门职务档案的管理

1. 部门职务档案表的作用

企业根据总体战略发展的规划,设置部门的职务及其职务职责。部门职务档案表保存部门职务及其职务职责的信息。

2. 部门职务档案表的构成

部门职务档案表属于业务档案数据表,主要包括职务编码、职务名称、职务簇(行政职务、技术职务)、工作概要、职务级别(部级、局级、处级、科级)、设立日期、职层(决策、管理、执行、作业)、是否限制期限、职等(1～9级)、最长任期等数据项。

说明:

职务编码采用3位表示,首位为对应职务簇编码,第2位为类别编码,第3位为级别编码。

职务档案表的职务簇、职务级别、职层等数据项,来自对应的基础档案表,其中的数据已经预置于系统中,如果有特殊要求,可以参见本章"4.2.2 基础档案管理"介绍的内容,通过维护对应的基础档案数据表的操作,满足人力资源信息处理的需要。

3. 部门职务档案表的案例说明

【案例4.3】 北京易惠瑞有限公司根据公司发展的战略,设置公司的部门职务结构,公司的职务簇系列包括行政职务、技术职务、教师职务。如表4.2所示北京易惠瑞有限公司职务档案表。职务编码第1位是职务簇编码,7表示行政职务,8表示技术职务;第2位是层级编码,行政按照经理、部长、科长、科员顺序编码,技术按照总工程师、高级工程师、工程师、助理工程师、技术员顺序编码;第3位是职务顺序码,1表示正职,2表示副职。总经理、副总经理、部门部长、部门副部长任职期限60个月,技术职务无任职期限限制。

表4.2 北京易惠瑞有限公司职务档案表

序号	职务编码	职务名称	职务簇	任职期限	职层	学历	职等
1	711	总经理	行政职务	60月	决策	研究生	—
2	712	副总经理	行政职务	60月	决策	研究生	—
3	721	部门部长	行政职务	60月	管理	研究生	—
4	722	部门副部长	行政职务	60月	管理	研究生	—
5	731	科长	行政职务	48月	执行	本科	—
6	732	副科长	行政职务	48月	执行	本科	—
7	741	科员	行政职务	不固定	作业	本科	二级
8	811	总工程师	技术职务	不固定	决策	研究生	—
9	821	高级工程师	技术职务	不固定	管理	研究生	三级
10	831	工程师	技术职务	不固定	执行	本科	三级
11	841	助理工程师	技术职务	不固定	作业	专科	三级
12	851	技术员	技术职务	不固定	作业	专科	—

说明:本例公司的职务系列包含行政职务和技术职务,由于基础档案的职务簇(行政职务、技术职务)已经预置于系统中的职务簇表,本例需要在职务簇表增加教师职务项,包括行政职务、技术职务、教师职务等数据项。为了完成本案例的操作,可以参见本章"4.2.2基础

档案管理"介绍的内容,先对基础档案表的职务簇表进行管理,然后再对部门职务档案表进行管理。

4. 基础档案职务簇表的管理

(1) 在图 4.3 所示的组织机构窗口,选择"基础设置"→"基础档案"→"机构人员"→"职务簇"选项后,出现图 4.10 所示的"职务簇"窗口。

图 4.10 "职务簇"窗口

(2) 在图 4.10 所示的"职务簇"窗口,单击"增加"按钮后,出现图 4.11 所示的"增加档案项"窗口。

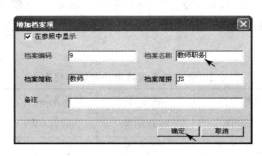

图 4.11 "增加档案项"窗口

(3) 在图 4.11 所示的"增加档案项"窗口,输入增加的新的职务簇档案项内容后,单击"确定"按钮,返回到图 4.10 所示的"职务簇"窗口。

说明:本例在职务簇档案中增加"教师职务"档案项。

(4) 在图 4.10 所示的"职务簇"窗口,选择职务簇名称后,单击"删除"按钮,删除选择的职务簇档案项。

(5) 在图 4.10 所示的"职务簇"窗口,选择职务簇名称后,单击"修改"按钮,修改选择的职务簇档案项。

5. 部门职务档案表的维护

在图 4.3 所示的组织机构窗口,选择"基础设置"→"基础档案"→"机构人员"→"职务档案"选项后,出现图 4.12 所示的职务档案窗口。

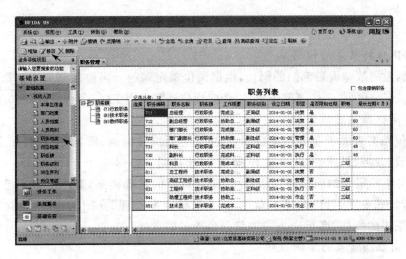

图 4.12 职务档案

（1）增加职务档案。

在图 4.12 所示的职务档案窗口，单击"增加"按钮，出现图 4.13 所示的"职务管理"窗口，输入职务信息后，职务信息保存到部门职务档案表。单击"退出"按钮，返回到图 4.12 所示的职务档案窗口。

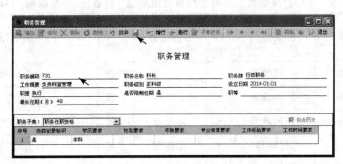

图 4.13 "职务管理"窗口

（2）修改职务档案。

在图 4.12 所示的职务档案窗口，选择职务名称后，单击"修改"按钮，出现图 4.13 所示的"职务管理"窗口，输入职务信息后，职务信息保存到部门职务档案表。单击"退出"按钮，返回到图 4.12 所示的职务档案窗口。

（3）删除职务档案。

在图 4.12 所示的职务档案窗口，选择职务名称后，单击"删除"按钮，所选择的职务名称从部门职务档案表中删除。

（4）输出职务档案。

在图 4.12 所示的职务档案窗口，单击"输出"按钮，职务档案保存成为 Excel 格式的文件。

4.2.6 部门岗位档案的管理

1. 部门岗位档案表的作用

企业依据发展战略设置部门的岗位,根据岗位确定编制。岗位规划要明确岗位的所属部门、直接上级、岗位序列、工作概要等信息,部门岗位档案表用于保存企业部门岗位的信息。

2. 部门岗位档案表的构成

部门岗位档案表属于业务档案数据表,主要包括岗位编码、所属部门、直接上级、岗位序列(管理、行政、业务、技术、生产)、工作概要、最长任期等数据项。

说明:岗位档案表的岗位序列信息项,来自对应的基础档案,其中的数据已经预置于系统中,如果有特殊要求,可以参见本章"4.2.2 基础档案管理"介绍的内容,通过维护对应的基础档案数据表的操作,满足人力资源信息处理的需要。

3. 部门岗位档案表的案例说明

【**案例4.4**】 北京易惠瑞有限公司根据公司发展的战略,规划组建公司的岗位结构。公司的岗位序列包括管理、行政、业务、技术、生产和教培岗,如表4.3所示北京易惠瑞有限公司部门岗位档案表。岗位编码第1~4位是部门编码,第5、6位是岗位顺序码。除去总经理和副总经理的岗位外,各部门岗位编码设计的规则是:第3~6位是"0000"表示"部长"、最后5、6位是"00"表示"科长"。

表4.3 北京易惠瑞有限公司部门岗位档案表(简表)　　　　总编制:150人

岗位编码	岗位名称	所属部门	编制数	直接上级	岗位序列	工作概要
010000	总经理	公司领导	1	—	管理	负责公司管理事务
010101	副总经理	公司领导	4	总经理	管理	协助总经理工作
010102	经理秘书	公司领导	4	总经理	业务	文秘工作
010201	行政科长	行政科	1	总经理	管理	管理行政工作
010202	行政科员	行政科	9	行政科长	业务	行政科工作
020000	财务部部长	财务部	1	总经理	管理	全面负责财务部工作
020200	核算科长	财务部	1	财务部部长	业务	全面负责财务部工作
020201	总账会计	核算科	8	核算科长	业务	负责账务处理
020202	出纳	核算科	7	核算科长	业务	负责出纳工作
030000	人力资源部长	人力资源部	1	总经理	管理	全面管理人力资源部工作
030100	人事科长	人事科	1	人力资源部长	业务	管理人事科全面工作
030101	人事科员	人事科	5	人事科长	业务	负责人事档案管理工作
030200	教培科长	教培科	1	人力资源部长	业务	管理教育培训
030201	教培科员	教培科	5	教培科长	业务	负责教培事务工作

续表

岗位编码	岗位名称	所属部门	编制数	直接上级	岗位序列	工作概要
030300	薪酬科长	薪酬科	1	人力资源部长	业务	管理工薪科工作
030301	薪酬科员	薪酬科	5	薪酬科长	业务	负责公司员工薪资核算
040000	采购部部长	采购部	1	总经理	管理	全面负责采购工作
040100	材料科长	采购核算科	1	采购部部长	业务	管理采购核算
040101	材料核算员	采购核算科	7	核算科长	业务	负责采购核算
040200	采购科长	采购科	1	采购部部长	业务	管理采购科
040201	采购员	采购科	7	采购科长	业务	负责采购
050000	生产部长	生产部	1	总经理	管理	全面管理生产部工作
050100	组装科长	组装科	1	生产部长	业务	管理组装科全面工作
050101	装机员	组装科	30	组装科长	生产	负责产品组装
050102	配件员	组装科	20	组装科长	生产	负责产品配件管理
050200	质检科长	质检科	1	生产部长	业务	管理质量检验
050201	质检员	质检科	8	质检科长	技术	负责质检
060000	销售部长	销售部	1	总经理	管理	全面负责销售工作
060100	库房科长	库房	1	销售部长	业务	管理库房
060101	库房管理员	库房	7	库房科长	业务	负责库存
060200	销售科长	销售科	1	销售部长	业务	管理产品销售
060201	销售科员	销售科	7	销售科长	业务	负责销售

注：本表为样表部分部门、岗位空缺。

说明：参照部门岗位档案表的结构，由于岗位档案表的岗位序列（管理、行政、业务、技术、生产）已经预置于系统中。结合本例的设计需要，岗位序列增加教培岗位项，包括管理、行政、业务、技术、生产和教培项。为了完成本案例的操作，可以参见本章"4.2.2 基础档案管理"介绍的内容，需要先对基础档案的岗位序列表进行管理，然后再对部门岗位档案表进行管理。

4. 基础档案岗位序列表的管理

（1）在图 4.3 所示的组织机构窗口，选择"基础设置"→"基础档案"→"机构人员"→"岗位序列"选项后，出现图 4.14 所示的"岗位序列"窗口。

图 4.14 "岗位序列"窗口

（2）在图 4.14 所示的"岗位序列"窗口，单击"增加"按钮，出现图 4.15 所示的"增加档案项"窗口。

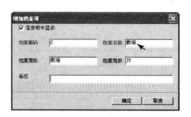

图 4.15 "增加档案项"窗口

（3）在图 4.15 所示的"增加档案项"窗口，输入增加的内容后，单击"确定"按钮，返回到图 4.14 所示的"岗位序列"窗口。

说明：本例增加岗位序列。如果不勾选"在参照中显示"选项，那么在岗位档案管理窗口将不出现该档案项。

（4）在图 4.14 所示的"岗位序列"窗口，单击"修改"按钮，修改所选的岗位序列档案名称。

（5）在图 4.14 所示的"岗位序列"窗口，单击"删除"按钮，删除所选的岗位序列档案名称。

5. 部门岗位档案表的维护

在图 4.3 所示的组织机构窗口，选择"基础设置"→"基础档案"→"机构人员"→"岗位档案"后，出现图 4.16 所示的岗位档案窗口。

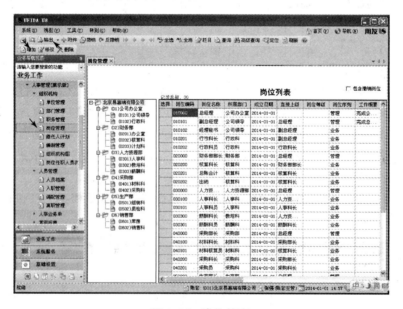

图 4.16 岗位档案

（1）增加岗位档案。

在图 4.16 所示的岗位档案窗口，单击"增加"按钮，出现图 4.17 所示的"岗位管理"窗口,输入岗位信息后,岗位信息保存到部门岗位档案表。单击"退出"按钮,返回到图 4.16 所示的岗位档案窗口。

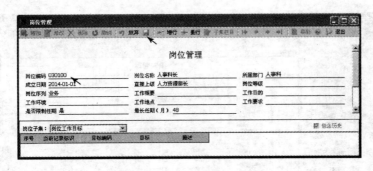

图 4.17 "岗位管理"窗口

(2) 修改岗位档案。

在图 4.16 所示的岗位档案窗口,选择岗位名称后,单击"修改"按钮,出现图 4.17 所示的"岗位管理"窗口,输入岗位信息后,岗位信息保存到部门岗位档案表。单击"退出"按钮,返回到图 4.16 所示的岗位档案窗口。

(3) 删除岗位档案。

在图 4.16 所示的岗位档案窗口,选择岗位名称后,单击"删除"按钮,所选择的岗位从部门岗位档案表删除。

(4) 输出岗位档案

在图 4.16 所示的岗位档案窗口,单击"输出"按钮,岗位档案保存成为 Excel 格式的文件。

4.2.7 部门编制档案的管理

1. 部门编制档案表的作用

企业依据发展战略设置部门的人员编制,部门编制档案表用于保存企业部门编制的信息。可以按照部门或岗位设置人员编制数。单位编制档案分为按照"下属部门编制"和"下属岗位"两种模式设置编制数。

2. 部门编制档案表的构成

部门编制档案表属于业务档案数据表,主要包括部门编码、年度、编制人数、批准编制时间、批准编制文件、批准编制单位等数据项。

3. 部门编制档案表的案例说明

【案例 4.5】 北京易惠瑞有限公司根据公司发展的战略,规划组建公司的部门编制。参见表 4.1 所示北京易惠瑞有限公司部门档案表的 2014 年度编制数,可以按照下述部门设置编制数。也可以参照表 4.3 所示北京易惠瑞有限公司部门岗位档案表的 2014 年度编制数,按照岗位设置编制数。

4. 部门编制档案表的维护

在图 4.3 所示的组织机构窗口,选择"业务工作"→"人事管理"→"组织机构"→"编制管理"选项后,单击"下属部门编制"按钮,出现图 4.18 所示的编制管理—部门编制窗口。单击"下属岗位编制"按钮,出现图 4.19 所示的编制管理—岗位编制窗口。

图 4.18 编制管理—部门编制

图 4.19 编制管理—岗位编制

在图 4.18 所示的编制管理—部门编制窗口,可以做以下操作:
(1) 增加编制档案。
在图 4.18 所示的编制管理—部门编制窗口,单击"增加"按钮,确认增加的编制年度。
(2) 修改编制档案。

在图 4.18 所示的编制管理—部门编制窗口,单击"修改"按钮,选择部门名称后,输入编制人数、批准编制时间、批准编制文件、批准编制单位等数据项,部门的编制信息保存到编制档案表中,返回到图 4.18 所示的编制管理-部门编制窗口。

(3) 输出编制档案。

在图 4.18 所示的编制管理—部门编制窗口,单击"输出"按钮,编制档案保存成为 Excel 格式的文件。

说明:通过以上介绍可以参照完成按照岗位设置编制的方法。

(4) 分析。

在图 4.18 所示的编制管理—部门编制窗口,单击"分析"按钮,出现图 4.20 所示的部门任职情况分析窗口,图 4.21 所示的部门缺编情况分析窗口,显示部门名称、编制数、实有人数、超编数、缺编数等数据项。

图 4.20 部门任职情况分析

图 4.21 部门缺编情况分析

思 考 题

1. 人力资源规划完成哪些任务?
2. 什么是企业人力资源管理的框架体系?
3. 人力资源规划完成哪些任务?
4. 基础档案表的作用是什么?举例说明常用的基础档案表的名称和内容。
5. 业务档案表的作用是什么?举例说明常用的业务档案表的名称和内容。

第五章　员工招聘模块

员工招聘模块完成员工招聘环节的信息管理工作,通过对招聘信息的处理可以满足企业引进人才的需要,推动企业人才的发展。本章介绍员工招聘模块要完成的工作,详细说明员工招聘模块的操作过程。

学习目标:
1. 了解员工招聘的业务知识,掌握人员招聘工作的业务环节。
2. 掌握员工招聘业务的流程。
3. 掌握员工招聘模块的操作。

5.1　员工招聘的概述

5.1.1　员工招聘的业务介绍

1. 招聘渠道

企业招聘员工的渠道包括参加人才招聘洽谈会,利用专业人才网站发布招聘信息,利用报纸、期刊、电视、广播等媒体发布招聘广告信息,公司内部发布招聘公告。

2. 员工招聘需求

员工招聘工作直接关系到企业人力资源的形成,有效的招聘工作不仅可以提高员工素质、改善人员结构,也可以为企业注入新的管理思想、增添新的活力,能给企业带来技术、管理上的重大革新。

员工招聘分为内部招聘和外部招聘两种方式,招聘需求来自以下方面:

(1) 人力资源管理部门根据人员流动情况,参照"业务工作"→"人力资源"→"人事管理"→"组织机构"→"编制管理"模块提供的"分析"操作,确定各部门缺岗信息填写招聘需求表。

(2) 企业内部的各业务部门根据人员流动和业务发展的需要,提出招聘需求填写招聘需求表。

3. 招聘程序

招聘程序完成以下工作:

(1) 填报招聘需求表。

用人部门根据岗位需要填报招聘需求表,人力资源管理部门审批招聘需求表。

(2) 填报招聘计划表。

人力资源管理部门拟订招聘计划。

(3) 发布招聘信息。

利用招聘洽谈会、人才网站、媒体等招聘渠道发布招聘信息。

(4) 整理应聘信息表发出应聘初试通知。

招聘信息发出后人力资源管理部门整理求职者的应聘资料,对应聘人员进行初步筛选,给符合应聘条件的应聘者发出应聘初试通知。

(5) 初试。

人力资源管理部门组成招聘小组,组织应聘者参加笔试、面试工作。

(6) 录用。

人力资源管理部门根据应聘者的笔试、面试成绩再次进行筛选应聘者,给符合录用条件的应聘者发出录用通知书,不符合录用条件的人员信息保存到人力资源后备信息库。

(7) 应聘者办理入职。

应聘者接到录用通知书后,按照规定的日期到人力资源管理部门报到。应聘人员填报员工登记表、签订劳动试用合同、办理其他入职必备手续,用人部门安排应聘人员试用期间的工作。

(8) 签订劳动合同。

新员工试用期结束后签订正式劳动合同。

5.1.2 员工招聘的模块

1. 员工招聘的操作流程

人力资源管理信息系统的员工招聘操作流程:

(1) 管理招聘渠道的信息。可以选择招聘会、网站、媒体等方式作为招聘渠道。

(2) 填报招聘需求表。

(3) 填报招聘计划表。

(4) 填报应聘信息表。

(5) 给被录用的人员办理录用手续,未被录用的人员资料进入后备人员信息库。

(6) 查询打印各类招聘信息。

2. 员工招聘的业务流程图

员工招聘过程的业务流程如图 5.1 所示。

5.1.3 员工招聘的数据结构

1. 数据结构

员工招聘模块的数据结构用于保存员工招聘的有关信息,信息以表格的形式保存。

(1) 招聘渠道表保存招聘渠道的信息。

(2) 招聘需求表保存部门提交的用人计划信息。

(3) 招聘计划表保存招聘计划的信息。

(4) 应聘信息表保存应聘人员的信息。

(5) 后备人才信息表保存后备人才的信息。

2. 系统的主要职能

员工招聘模块为负责招聘业务的操作人员提供了对员工招聘业务数据表的记录进行增加、修改、删除、查询、输出等操作。同时,员工招聘模块也提供了大量实时的信息统计、报表生成等操作,以便业务人员能够得到人力资源管理相关信息的统计结果并及时打印。

人力资源管理信息系统

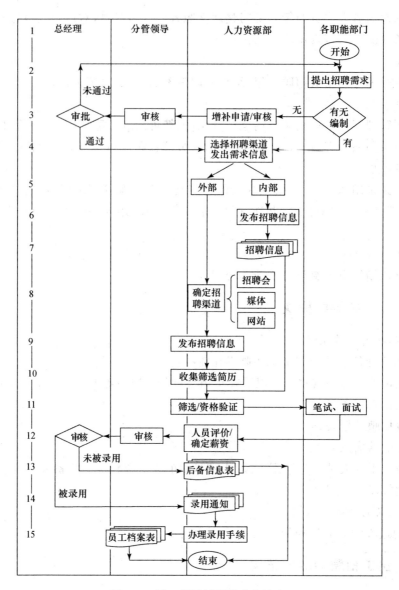

图 5.1 员工招聘过程的业务流程

5.2 员工招聘模块的应用

本节介绍员工招聘模块的操作过程,说明招聘设置、招聘业务管理的操作方法。

5.2.1 登录系统

1. 案例说明

北京易惠瑞有限公司人力资源管理部门的人事科,完成以下业务工作:
(1) 负责管理和选择招聘渠道,管理招聘渠道表的信息。

(2) 收录经审批的招聘需求表。
(3) 编制招聘计划表,发布招聘信息。
(4) 收录应聘信息表,给应聘人员发应聘初试通知。
(5) 经过笔试、面试,给被录用的员工发录用通知。
(6) 员工凭借员工录用通知办理入职。
(7) 为被录用的员工在应聘信息表设置"录用"标记,员工进入"员工入职"操作环节。未被录用的员工在应聘信息表设置"备选"标记,资料进入后备人才信息表。
(8) 为主管领导提供各类人才信息,提交人才工作报告,协助完成人力资源管理任务。

人事科的李娜负责完成招聘工作。进行本章操作前,参照"业务工作"→"人力资源"→"人事管理"→"人员管理"→"入职管理"职能应预先执行李娜的入职操作。

2. 登录系统

选择"开始"→"程序"→"用友 U8V10.0"→"系统服务"→"企业应用平台"选项,出现图 5.2 所示的"登录"窗口。

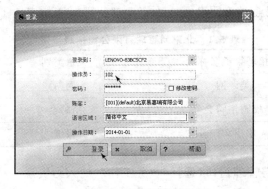

图 5.2 "登录"窗口

说明:本例以操作员 102(李娜)的身份登录系统。

在图 5.2 所示的"登录"窗口,输入"操作员"、"密码"、"账套"等信息,单击"登录"按钮,出现图 5.3 所示的招聘管理窗口。

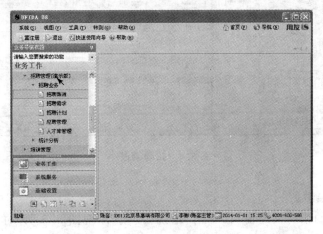

图 5.3 招聘管理

5.2.2 公司招聘渠道

1. 招聘渠道概述

招聘渠道是人力资源管理部门招聘人才的途径,应聘人员通过招聘渠道得知招聘信息获得招聘单位的联系方式。招聘渠道可以是网站、招聘会、报刊、广播电视等形式。一个好的招聘渠道应该具备以下特征:

(1) 招聘渠道符合现实情况,具有可操作性。

(2) 招聘渠道的选择能够达到招聘的要求。

(3) 招聘成本最小、效果最佳。

2. 招聘渠道的数据结构

招聘渠道表保存招聘渠道的信息,主要包括渠道编码、渠道名称、渠道类别、广告方式、费用、公司所在地、联系人、联系电话、通讯地址、邮编、其他资料等数据项。

3. 招聘渠道的案例

【案例 5.1】 北京易惠瑞有限公司人力资源部招聘渠道如表 5.1 所示。

表 5.1 北京易惠瑞有限公司招聘渠道

序号	招聘渠道名称	渠道类别	费用
1	英才网	网站	100 元
2	校园招聘会	招聘会	200 元
3	人才招聘广告	报纸	500 元

在图 5.3 所示的招聘管理窗口,选择"业务工作"→"人力资源"→"招聘管理"→"招聘业务"→"招聘渠道"选项,出现图 5.4 所示的招聘渠道窗口。

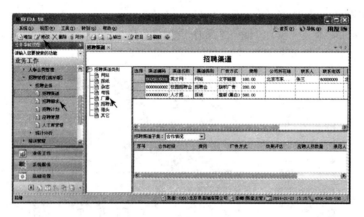

图 5.4 招聘渠道

(1) 增加招聘渠道。

在图 5.4 所示的招聘渠道窗口,单击"增加"按钮,出现图 5.5 所示的增加招聘渠道窗口,输入招聘渠道的信息,增加招聘渠道信息。

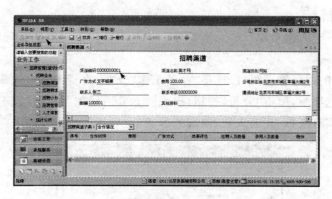

图 5.5　增加招聘渠道

说明：参照表 5.1 北京易惠瑞有限公司招聘渠道，输入招聘渠道的信息。

（2）修改招聘渠道。

在图 5.4 所示的招聘渠道窗口，单击"修改"按钮，修改招聘渠道的信息。

（3）删除招聘渠道。

在图 5.4 所示的招聘渠道窗口，单击"删除"按钮，删除招聘渠道的信息。

（4）输出招聘渠道。

在图 5.4 所示的招聘渠道窗口，单击"输出"按钮，可以按照列表、卡片、花名册等方式显示招聘渠道的信息。

5.2.3　招聘需求管理

1. 招聘需求概述

招聘需求是指人力资源管理部门和各部门定期对在编人员进行统计，结合企业发展战略的需要，确定部门的缺岗人数，用人部门提交招聘需求表，人力资源管理部门审核收录招聘需求表。

2. 招聘需求的数据结构

招聘需求表保存招聘需求的信息，主要包括需求单号、需求单名称、失效日期、申请人、申请部门、需求类型、备注等数据项。

3. 招聘需求的案例

【案例 5.2】　人力资源部人事科李娜通过查看岗位在岗、缺编情况后，现在需要招聘人力资源部薪酬科科员 1 名，人力资源部又收到生产部和财务部提交的两个招聘需求，参见表 5.2 招聘需求表。

表 5.2　招聘需求表

序号	需求单号	需求单名称	失效日期	申请人	申请部门	需求类型
1	001	人力资源薪酬科科员招聘	2014－1－31	李娜	人事科	部门
2	002	财务部招聘出纳	2014－1－31	李娜	人事科	部门
3	003	生产部招聘部长	2014－1－31	李娜	人事科	公司

(1) 查看空岗信息。

在"业务工作"→"人力资源"→"人事管理"→"组织机构"→"编制管理"中能够查看岗位缺编情况。

在图 5.3 所示的招聘管理窗口,选择"业务工作"→"人力资源"→"人事管理"→"组织机构"→"编制管理"选项后,单击"分析"按钮,出现图 5.6 所示的"任职情况分析"窗口,可以查看各部门编制数、实有人数、超编人数、缺编人数的信息。

图 5.6 "任职情况分析"窗口

说明:图 5.6 任职情况分析属于实验数据,人力资源部、财务部、生产部缺编可以招聘。

(2) 招聘需求的管理。

在图 5.3 所示的招聘管理窗口,选择"业务工作"→"人力资源"→"招聘管理"→"招聘业务"→"招聘需求"选项后,出现图 5.7 所示的招聘需求窗口。

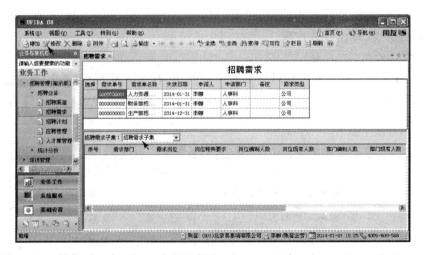

图 5.7 招聘需求

① 增加招聘需求信息。

在图5.7所示的招聘需求窗口,单击"增加"按钮,出现图5.8所示的增加招聘需求窗口,输入招聘需求的信息,增加招聘需求信息。

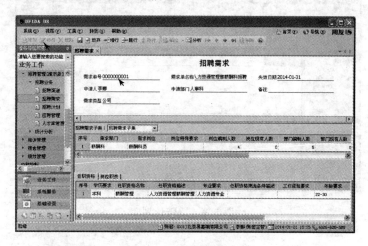

图5.8 增加招聘需求

说明:参照表5.2招聘需求表输入招聘需求信息。

② 修改招聘需求信息。

在图5.7所示的招聘需求窗口,单击"修改"按钮,修改招聘需求的信息。

③ 删除招聘需求信息。

在图5.7所示的招聘需求窗口,单击"删除"按钮,删除招聘需求的信息。

④ 输出招聘需求。

在图5.7所示的招聘需求窗口,单击"输出"按钮,可以按照列表、卡片、花名册的方式显示招聘需求的信息。

5.2.4 招聘计划管理

1. 招聘计划概述

招聘计划是指人力资源管理部门审批招聘需求表,选择招聘渠道,填报招聘计划表的工作。

2. 招聘计划的数据结构

招聘计划表保存招聘需求的信息,主要包括计划编号、计划名称、计划人、计划部门、是否封存、备注等数据项。

3. 招聘计划的案例

【案例5.3】 人事科制定了招聘计划,1月1日—1月15日期间准备在英才网和校园招聘会上实施招聘。李娜负责输入和管理表5.3所示的招聘计划表。

表5.3 招聘计划表

序号	计划编号	计划名称	计划人	计划部门
1	001	20140101招聘	李娜	人事科

在图 5.3 所示的招聘管理窗口，选择"业务工作"→"人力资源"→"招聘管理"→"招聘业务"→"招聘计划"选项后，出现图 5.9 所示的招聘计划窗口。

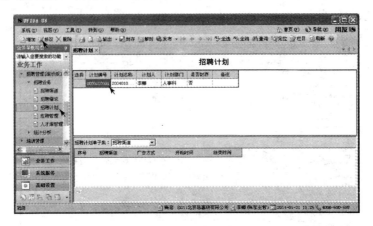

图 5.9 招聘计划

（1）增加招聘计划信息。

在图 5.9 所示的招聘计划窗口，单击"增加"按钮，出现图 5.10 所示的增加招聘计划窗口，输入招聘计划的信息，增加招聘计划信息。

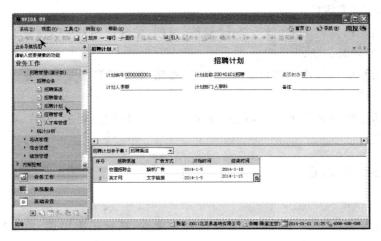

图 5.10 增加招聘计划

说明：参照表 5.3 招聘计划表输入招聘计划信息。

（2）修改招聘计划信息。

在图 5.9 所示的招聘计划窗口，单击"修改"按钮，修改招聘计划的信息。

（3）删除招聘计划信息。

在图 5.9 所示的招聘计划窗口，单击"删除"按钮，删除招聘计划的信息。

（4）输出招聘计划信息。

在图 5.9 所示的招聘计划窗口，单击"输出"按钮，可以按照列表、卡片、花名册的方式显示招聘计划的信息。

5.2.5 应聘管理

1. 应聘管理概述

应聘管理是指人力资源管理部门收集应聘人员资料,进行审查后输入应聘信息表,同时,人事管理人员按照招聘程序,发面试通知,开展招聘工作,发录用通知,收转应聘信息等一系列工作。

2. 应聘管理的数据结构

应聘信息表保存应聘的信息,主要包括应聘单号、应聘岗位、应聘部门、应聘人员编码、姓名、身份证号码、性别、出生日期、民族、婚姻状况、期望收入、可到岗时间、参加工作时间、相关工作经验时间、户籍、籍贯、最高学历、专业名称、毕业院校、毕业时间、家庭电话、手机、E-mail 地址、邮政编码、通讯地址、有无亲属在本公司、亲属姓名、信息渠道、自荐、与原单位劳动关系能否处理妥当、人才类型、招聘计划、是否入职、状态、备注、人员编码等数据项。

3. 应聘管理的案例

【案例 5.4】 人事科收到应聘资料,李娜负责输入和管理如表 5.4 所示的应聘信息表。

表 5.4 应聘信息表(简表)

序号	应聘单号	应聘岗位	应聘部门	应聘人员编码	姓名	性别	出生日期	E-mail 地址
1	001	薪资核算	薪酬科	001	刘丽	女	1990-01-01	abc010@163.com
2	002	出纳	核算科	002	高锋	男	1990-02-01	abc102@163.com
3	003	生产部长	生产部	003	李东	男	1990-03-01	abc103@163.com

在图 5.3 所示的招聘管理窗口,选择"业务工作"→"人力资源"→"招聘管理"→"招聘业务"→"应聘管理"选项后,出现图 5.11 所示的应聘管理窗口。

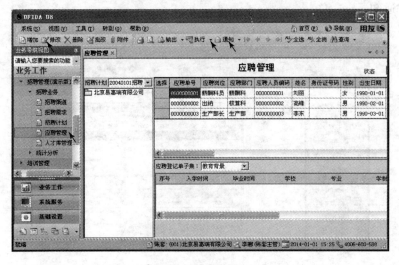

图 5.11 应聘管理

(1) 增加应聘信息。

在图 5.11 所示的应聘管理窗口,单击"增加"按钮,出现图 5.12 所示的增加应聘管理窗口,输入应聘信息,增加应聘信息。

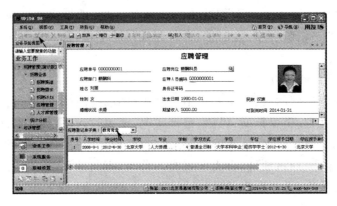

图 5.12　增加应聘管理

说明:参照表 5.4 应聘信息表输入应聘信息。

(2) 修改应聘信息。

在图 5.11 所示的应聘管理窗口,单击"修改"按钮,修改应聘信息。

(3) 删除应聘信息。

在图 5.11 所示的应聘管理窗口,单击"删除"按钮,删除应聘信息。

(4) 输出应聘信息。

在图 5.11 所示的应聘管理窗口,单击"输出"按钮,可以按照卡片、花名册的方式显示应聘信息。

4. 应聘通知发放的操作

在图 5.13 所示的应聘管理—通知窗口,选择应聘人后,根据情况可以发放录用通知、入职通知、面试通知。

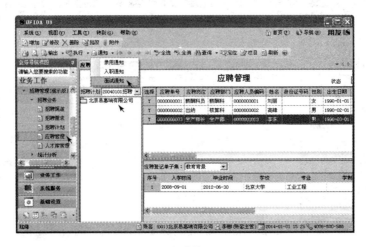

图 5.13　应聘管理—通知

5. 应聘录用与备选的操作

在图 5.14 所示的应聘管理—执行窗口,选择应聘人后,根据情况可以标记为"初选未通过"、"面试未通过"、"录用"、"备选"状态。

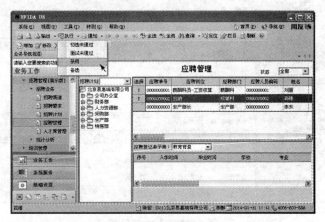

图 5.14 应聘管理—执行

说明:选择被录用的应聘人员资料,选择"执行"→"录用"菜单,出现设置发录用通知的提示,回答相关问题后,按照应聘人提供的邮箱发布录用通知。

本例选择刘丽、高锋被录用。对于被录用的人员,可以选择"人力资源"→"人事管理"→"人员管理"→"入职管理"菜单,单击"增加"按钮,出现人员入职资料,单击"引入"按钮,可以引入被录用人员的资料,单击"审核"按钮,完成应聘工作。具体操作参见本书"人员管理模块"章节介绍的内容。

说明:选择未被录用的应聘人员资料,选择"执行"→"备选"菜单,所选应聘人员的资料进入到人才库中。本例李东未被录用。

5.2.6 后备人才信息管理

1. 后备人才信息概述

招聘人才信息收集了未被录用的人员信息。

2. 后备人才信息管理的数据结构

后备人才信息表保存后备人才信息,主要包括应聘人员编码、姓名、身份证号码、性别、出生日期、民族、婚姻状况、期望收入、可到岗时间、参加工作时间、相关工作经验时间、户籍、籍贯、最高学历、专业名称、毕业院校、毕业时间、家庭电话、手机、E-mail 地址、邮政编码、通讯地址、有无亲属在本公司、亲属姓名、自荐、与原单位劳动关系能否处理妥当、人才类型、备注等数据项。

3. 后备人才信息管理的案例

【案例 5.5】 结合【案例 5.4】参见表 5.4 应聘信息表可知刘丽、高锋被录用,李东未被录用,请将李东的信息录入到后备人才信息表。

在图 5.3 所示的招聘管理窗口,选择"业务工作"→"人力资源"→"招聘管理"→"招聘业务"→"人才管理"选项后,出现图 5.15 所示的人才库管理窗口。

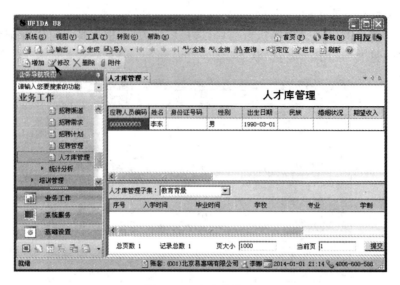

图 5.15 人才库管理

(1) 增加后备人才信息。

在图 5.15 所示的人才库管理窗口,单击"增加"按钮,输入人才信息,增加人才库信息。

(2) 修改后备人才信息。

在图 5.15 所示的人才库管理窗口,单击"修改"按钮,修改人才库信息。

(3) 删除后备人才信息。

在图 5.15 所示的人才库管理窗口,单击"删除"按钮,删除人才库信息。

(4) 输出后备人才信息。

在图 5.15 所示的人才库管理窗口,单击"输出"按钮,可以按照卡片、花名册的方式显示后备人才信息表的信息。

思 考 题

1. 说明人员招聘在人力资源业务的作用。
2. 说明人员招聘业务操作的流程。
3. 说明人员招聘业务涉及哪些数据表。
4. 说明人员招聘应聘管理的内容。
5. 说明如何确定部门在岗、超编、缺岗信息。
6. 应聘人员如何得到面试通知、录取通知?
7. 说明应聘人员被录用的操作过程。
8. 说明后备人才信息表的作用和管理方法。

第六章 人员管理模块

人员管理模块完成人员的入职、调配、离职等信息管理工作。本章介绍人员管理工作要完成的任务,说明人员管理工作的信息处理流程,详细介绍人员管理模块的操作过程。

学习目标:
1. 了解人员管理的业务流程,掌握人员管理业务的主要职能。
2. 掌握人员入职操作的过程。
3. 掌握人员调配操作的过程。
4. 掌握人员离职操作的过程。

6.1 人员管理的概述

6.1.1 人员管理的业务介绍

1. 人员管理

人员管理指人力资源管理部门对企业的人员进行入职、人员调动、人员信息变更、人员离退等工作的管理。

人力资源管理信息系统的人员管理模块主要负责收集和加工人员管理的信息,及时提供查询、报表等人员管理信息加工的结果,为上级管理人员提供决策信息服务。

2. 人员管理的主要业务工作

(1) 人员入职。

人员入职是指按照企业的招聘程序应聘人员被录用后,应聘人员按照录用通知规定的时间,持录用通知书办理入职手续的工作。负责人事档案管理工作的人员完善应聘人员的基本信息,办理入职工作。

(2) 人员调动。

人员调动包括人员跨科室调动、跨部门调动。由于科室间与部门间的人员管理方式不尽相同,所以,人员调动后需要记录人员调动的信息。

(3) 人员信息变更。

人员信息变更是指人员晋升、降职、学历、职称等发生改变后,导致保险福利、薪资要做相应调整,所以,人员信息变更后,需要人力资源管理部门及时更新人员信息。

(4) 人员离退。

人员离退包括人员离职、退职、离休、退休。人员离退主要是合同、薪酬、保险福利等信息的变更,所以,人员离退后,需要人力资源管理部门及时更新离退人员的信息。

(5) 人员信息统计。

应用人力资源管理信息系统的目的是能够辅助人力资源管理部门的人员快速地提供人力资源信息,及时提供给有关人员进行信息决策。所以,人力资源管理部门的人员需要定期提供各类统计信息。

6.1.2 人员管理的业务流程

1. 人员管理的业务流程

人力资源管理信息系统的人员管理模块操作流程：

（1）应聘人员凭录用通知书到人力资源管理部门的人事科报到，负责人事管理的人员执行"人员入职"操作。人员的信息保存到人员基本信息表。

（2）当企业内部人员有晋升、降职、平调、离岗、下岗等变化时，负责人事管理的人员执行"调配管理"操作。人员的信息保存到人员调配信息表。

（3）当企业内部人员有离职、退职、离休、退休等变化时，负责人事管理的人员执行"离职管理"操作。人员的信息保存到人员离退信息表。

（4）查询打印各类人员统计信息。

2. 人员管理的操作流程图

如图 6.1 所示为人员管理模块操作流程图。

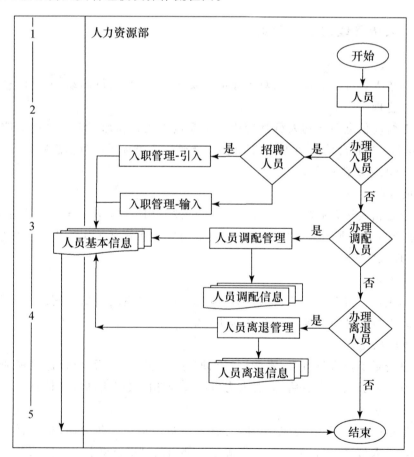

图 6.1 人员管理模块操作流程图

6.1.3 人员管理的数据结构

1. 数据结构

人员管理模块的数据结构用于保存与人员管理的有关信息，信息以表格的形式保存。

(1) 人员基本信息表保存人员的各种信息，由若干数据表组成。包括人员基本信息表、教育经历信息表、工作履历信息表、流动信息表、语言能力信息表、专业技术资格信息表、技术职业资格信息表、政治面貌信息表、家庭成员信息表、奖励信息表、惩罚信息表、离退信息表、薪资基本情况表、合同信息表、考勤信息表。

(2) 人员调配信息表保存人员调配的信息，由若干数据表组成。包括人员转正表、晋升表、降职表、平调表、轮岗表、下岗表。

(3) 人员离退信息表保存人员的离退信息，由若干数据表组成。包括离职信息表、退职信息表、离休信息表、退休信息表。

2. 系统的主要职能

人员管理模块为负责人事管理的操作人员提供了对人员管理业务数据表的记录进行增加、修改、删除、查询、输出等操作。同时，人员管理模块也提供了大量实时的信息统计、报表生成等操作，以便业务人员能够得到人力资源管理相关信息的统计结果并及时打印。

6.2 人员管理模块的应用

本节介绍人员管理模块的操作过程，说明人员管理模块设置、入职管理、调动管理的操作方法。

6.2.1 登录系统

1. 案例说明

北京易惠瑞有限公司人力资源管理部门的人事科，完成以下业务工作：

(1) 按照程序完成入职、调配、离职的人员档案管理工作。

(2) 负责人员档案管理，完成人员的统计、查询、报表操作。

人事科的李娜负责完成招聘工作。通过执行人事管理模块的职能完成人员管理数据的管理。

进行本节操作前，应做好以下准备工作：

(1) 系统管理员(admin)应通过【系统管理】模块的"权限"→"用户"职能，增加用户李娜并设置人事管理的操作权限。

(2) 账套管理员(101(张强))应通过【企业应用平台】模块的"业务工作"→"人力资源"→"人事管理"→"人员管理"→"入职管理"职能，执行李娜的入职操作。

2. 登录系统

选择"开始"→"程序"→"用友 U8V10.0"→"系统服务"→"企业应用平台"选项，出现图6.2所示的"登录"窗口。

图 6.2 "登录"窗口

说明:本例以操作员 102(李娜)的身份登录系统。该操作员具有人员管理模块操作的权限。

在图 6.2 所示的"登录"窗口,输入"操作员"、"密码"、"账套"等信息,单击"登录"按钮,出现图 6.3 所示的人员管理窗口。

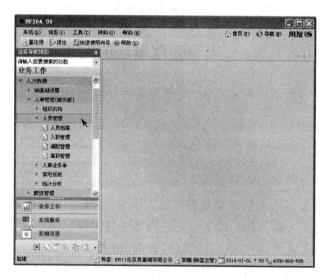

图 6.3 人员管理

6.2.2 入职管理

1. 入职管理概述

入职管理是人员基本信息进入人力资源管理系统的首要工作。入职管理分为:

(1) 经过招聘管理程序办理入职的人员。人员基本信息已经收录到人员管理模块,办理入职的人员,需要人力资源管理人员进行审核确认,人员基本信息才能进入到人力资源管理系统。

(2) 没有经过招聘管理程序办理入职的人员,例如,启用人力资源管理系统前的人员基本信息,需要人力资源管理人员进行输入和审核确认,人员基本信息才能进入到人力资源管理系统。

2. 入职管理的数据结构

(1) 人员基本信息表保存人员的信息,主要包括人员编码、姓名、工号、性别、部门、职务、岗位、人员类别、用工形式、到职日期、是否是试用人员、试用开始时间、试用结束时间、证件类型、证件号码、出生日期、参加工作时间、国家地区、户籍、籍贯、民族、婚姻状况、健康状况、离职日期、职员身份、从业状况、邮政编码、通讯地址、E-mail 地址、福利地区、户口性质、手机、家庭电话、家庭住址、银行、证件期限开始时间、账号、证件期限截止时间、签发机关等数据项。

(2) 教育经历信息表保存人员的教育经历信息,主要包括人员编码、职工入学日期、毕业时间、学校、专业、学制、学习方式、学历、学位、学位授予时间、学位授予单位、证书编号等数据项。

(3) 工作履历信息表保存人员的工作履历信息,主要包括人员编码、工作性质、行业、机构性质、起始时间、终止时间、部门、职位、主要职责、主要业绩、离转岗原因、联系电话、证明人、证明人电话等数据项。

(4) 流动信息表保存人员的工作流动信息,主要包括人员编码、进出状态、流动类别、来往单位、流动时间、流动原因等数据项。

(5) 语言能力信息表保存人员的语言能力信息,主要包括人员编码、语种、掌握级别、熟练程度等数据项。

(6) 专业技术资格信息表保存人员的专业技术资格信息,主要包括人员编码、专业技术资格名称、专业技术职务等级、获得资格途径、资格审批单位、获得资格时间、证书编号等数据项。

(7) 技术职业资格信息表保存人员的技术职业资格信息,主要包括人员编码、资格名称、资格等级、获得时间、批准单位等数据项。

(8) 政治面貌信息表保存人员的政治面貌信息,主要包括人员编码、政治面貌、参加时间、参加时间所在单位、介绍人、转正时间等数据项。

(9) 家庭成员信息表保存家庭成员的信息,主要包括人员编码、与本人的关系、家庭成员姓名、工作单位、联系电话、联系地址、成员出生日期等数据项。

(10) 奖励信息表保存奖励信息,主要包括人员编码、奖励类别、奖励授予单位、奖励措施、奖励事由、奖励日期、奖励名称、批准单位等数据项。

(11) 惩罚信息表保存惩罚的信息,主要包括人员编码、惩罚类别、惩罚授予单位、惩罚措施、惩罚事由、惩罚日期、惩罚名称、批准单位等数据项。

(12) 离退信息表保存离退信息,主要包括人员编码、离退类别、离退时间、离退后享受的级别、离退休费支付单位、离退休金、生活补贴标准、离退后管理单位、异地安置等数据项。

(13) 薪资基本情况表保存薪资基本情况信息,主要包括人员编码、薪资级别、基本薪资、职务薪资、级别薪资、工龄薪资、薪资档次、试用期薪资、职务津贴、薪资标准类型、特殊岗位津贴等数据项。

(14) 合同信息表保存合同信息,主要包括人员编码、合同编号、合同类型、起始时间、终止时间、合同期限、试用期限、试用期薪资、发薪日期、薪资标准、工时制度等数据项。

(15) 考勤信息表保存人员的考勤信息,主要包括人员编码、考勤卡号、班组等数据项。

(16) 人员调配信息表保存人员调配的信息。

3. 入职管理的案例

【案例 6.1】 北京易惠瑞有限公司人力资源部,按照招聘程序将表 6.1 所示应聘信息表中的刘丽、高锋办理了录用,现需要办理人员入职工作。另外,将表 6.2 所示人员基本信息表、表 6.3 所示人员基本信息教育经历表办理人员入职操作。

表 6.1 应聘信息表(简表)

序号	应聘单号	应聘岗位	应聘部门	应聘人员编码	姓名	性别	出生日期	E-mail 地址
1	001	薪酬科员—薪资核算	薪酬科	001	刘丽	女	1990-01-01	abc010@163.com
2	002	出纳	核算科	002	高锋	男	1990-02-01	abc102@163.com

表 6.2 人员基本信息表(简表)

编码	姓名	出生日期	性别	部门	岗位	职务	到职日期	血型
0101000	王强	1977-04-01	男	公司办公室	总经理	总经理	2013-01-01	A
0202101	刘欣	1990-12-30	女	财务部	总账会计	科员	2013-03-01	A
0301000	张强	1987-05-26	男	人力资源部	人力资源部长	部长	2013-07-1	O
0301001	李娜	1989-08-01	女	人力资源部	人事科员	科员	2013-12-1	B
0501000	陈龙	1978-02-01	男	生产部	生产部长	部长	2013-09-1	B
0303101	刘丽	1990-01-01	女	人力资源部	薪酬科员	科员	2014-01-10	A
0202102	高锋	1990-02-01	男	财务部	出纳	科员	2014-01-10	A

表 6.3 人员基本信息教育经历表(简表)

编码	姓名	入学日期	毕业日期	学校	专业	学历	学位
0101000	王强	1995-09-01	1999-06-30	清华大学	机械工程	本科	学士
0101000	王强	1999-09-01	2002-06-30	清华大学	机械工程	硕士	硕士
0202101	刘欣	2008-09-01	2012-06-30	中央财经大学	会计学	本科	学士
0301000	张强	2005-09-01	2009-06-30	北京大学	人力资源管理	本科	学士
0301000	张强	2009-09-01	2012-06-30	北京大学	人力资源管理	硕士	硕士
0301101	李娜	2007-09-01	2010-06-30	北京工商大学	人力资源管理	专科	无
0501000	陈龙	1996-09-01	1999-06-30	北京工商大学	机械设计	专科	无

续表

编码	姓名	入学日期	毕业日期	学校	专业	学历	学位
0202102	高锋	2008－09－01	2012－06－30	中央财经大学	会计学	本科	学士
0303101	刘丽	2008－09－01	2012－06－30	北京大学	人力资源管理	本科	学士

说明：表6.2人员基本信息表有血型信息，账套管理员应进入"业务工作"→"人力资源"→"HR基础设置"→"系统设置"→"信息结构"→"人员"→"人员基本信息表"，增加血型信息项。

4．入职管理的操作

在图6.3所示的人员管理窗口，选择"业务工作"→"人力资源"→"人事管理"→"人员管理"→"人员档案"选项，出现图6.4所示的人员档案窗口。

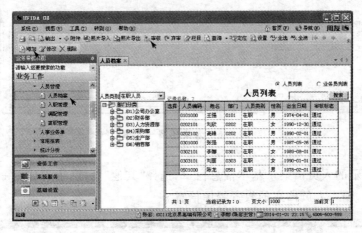

图6.4 人员档案

（1）增加非招聘人员的基本信息。

在图6.4所示的人员档案窗口，单击"增加"按钮，出现图6.5所示的人员档案—基本信息窗口，在"基本"页框输入人员档案信息。

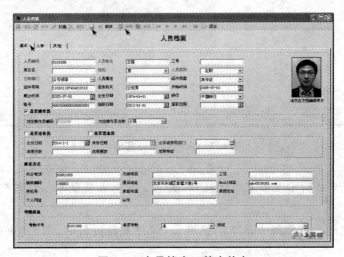

图6.5 人员档案—基本信息

在图 6.5 所示的人员档案—基本信息窗口,选择"人事"页框,出现如图 6.6 所示的人员档案—人事窗口,输入人员档案的人事信息。

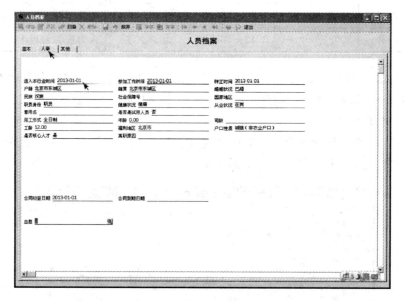

图 6.6 人员档案—人事

在图 6.5 所示的人员档案—基本信息窗口,选择"其他"页框,出现如图 6.7 所示的人员档案—其他窗口,输入人员档案的教育经历信息。

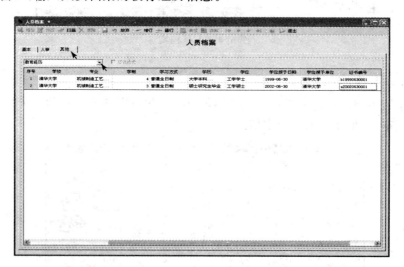

图 6.7 人员档案—其他

说明:参照表 6.2 所示人员基本信息表、表 6.3 所示人员基本信息教育经历表,输入人员的基本信息。

在图 6.5 所示的人员档案—基本信息窗口,保存人员资料后,单击"审核"按钮,完成办理入职操作。

审核人员的基本信息,在图 6.5 所示的人员档案—基本信息窗口,选择人员后,单击"审核"按钮,人员的基本信息保存到人力资源管理系统。

说明:审核职能是将人员信息存入信息系统的处理,入职人员信息务必执行此操作。

修改人员的基本信息,在图 6.5 所示的人员档案—基本信息窗口,单击"修改"按钮,修改人员的基本信息。

(2) 增加经招聘程序录用的人员基本信息。

在图 6.3 所示的人员管理窗口,选择"入职管理"选项,单击"增加"按钮,出现图 6.8 所示的入职管理—基本信息窗口,输入人员的基本信息。

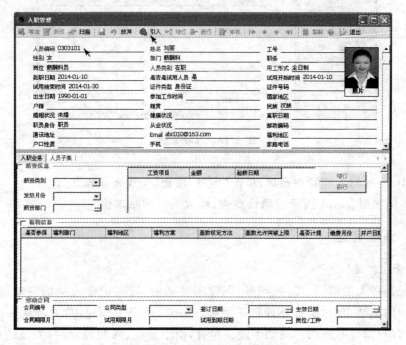

图 6.8 入职管理—基本信息

在图 6.8 所示的入职管理—基本信息窗口,单击"引入"按钮,出现图 6.9 所示的入职管理—参照窗口,引入招聘录用的人员信息。

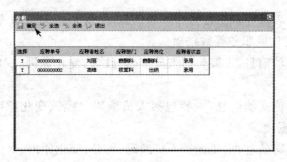

图 6.9 入职管理—参照

在图 6.9 所示的入职管理—参照窗口,选定人员后,单击"确定"按钮,返回到图 6.8 所示的入职管理—基本信息窗口。

在图 6.3 所示的人员管理窗口,选择"业务工作"→"人力资源"→"人事管理"→"人员管理"→"入职管理"选项,出现图 6.10 所示的入职管理窗口。

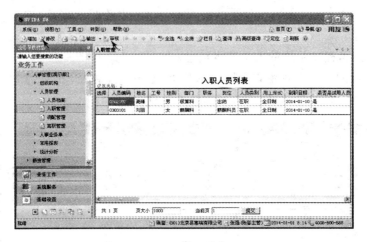

图 6.10 入职管理

在图 6.10 所示的入职管理窗口,单击"审核"按钮,完成入职操作。

说明:本例参照表 6.1 所示应聘信息表,输入人员的基本信息。

6.2.3 调配管理

1. 调配管理概述

人员调配是指人员部门、岗位、职务、职称等变动后,需要记录人员的变动信息。例如,录用人员的试用期结束后,需要办理转正手续。另外,由于工作原因,人员从一个部门调动到另外一个部门,需要办理内部调动手续。再有,由于晋级、降职等原因,人员的职称、职务、学历、薪资等发生改变,所有这些都需要执行人力资源管理的调配管理职能。

2. 调配管理的数据结构

(1) 人员转正表保存转正信息,主要包括人员编码、姓名、转正时间、转正原因等数据项。

(2) 晋升表和降职表保存员工晋升和降职信息,主要包括人员编码、姓名、变化原因、变化时间、变化前职务、变化后职务等数据项。

(3) 平调表保存调动信息,主要包括人员编码、姓名、变化原因、变化时间、变化前部门、变化后部门等数据项。

(4) 轮岗表保存岗位变动信息,主要包括人员编码、姓名、变化原因、变化时间、变化前岗位、变化后部门等数据项。

(5) 下岗表保存下岗信息,主要包括人员编码、姓名、变化原因、变化时间等数据项。

3. 调配管理的案例

【案例 6.2】 人力资源部人事科,按照招聘程序将表 6.4 所示人员信息变动表—转正按照工作流程进行保存。

表 6.4　人员信息变动表—转正

序号	需求单号	转正原因	转正时间	申请人	申请部门	类型
1	001	试用期表现良好	2014－02－01	刘丽	薪酬科	部门
2	002	试用期表现良好	2014－02－01	张强	核算科	部门

4．调配管理的操作

在图 6.3 所示的人员管理窗口，选择"业务工作"→"人力资源"→"人事管理"→"人员管理"→"调配管理"选项，出现图 6.11 所示的调配管理窗口。

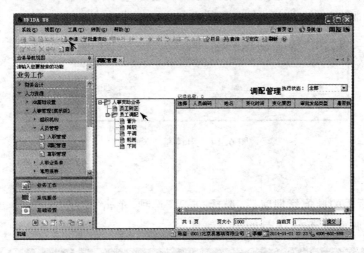

图 6.11　调配管理

（1）转正。

在图 6.11 所示的调配管理窗口，选择"员工转正"选项，单击"申请"按钮后，出现图 6.12 所示的申请单—转正窗口，输入应聘人员的转正信息。

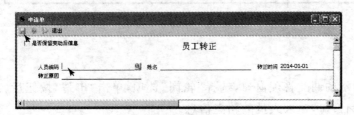

图 6.12　申请单—转正

说明：参照表 6.1 应聘信息表完成转正操作的任务。

（2）晋升。

在图 6.11 所示的调配管理窗口，选择"晋升"选项，单击"申请"按钮后，出现图 6.13 所示的申请单—晋升窗口，输入人员的晋升信息。

图 6.13　申请单—晋升

(3) 降职。

在图 6.11 所示的调配管理窗口,选择"降职"选项,单击"申请"按钮后,出现图 6.14 所示的申请单—降职窗口,输入人员的降职信息。

图 6.14　申请单—降职

(4) 平调。

在图 6.11 所示的调配管理窗口,选择"平调"选项,单击"申请"按钮后,出现图 6.15 所示的申请单—平调窗口,输入人员的平调信息。

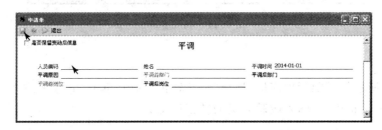

图 6.15　申请单—平调

(5) 轮岗。

在图 6.11 所示的调配管理窗口,选择"轮岗"选项,单击"申请"按钮后,出现图 6.16 所示的申请单—轮岗窗口,输入人员的轮岗信息。

图 6.16　申请单—轮岗

(6) 下岗。

在图6.11所示的调配管理窗口,选择"下岗"选项,单击"申请"按钮后,出现图6.17所示的"申请单—下岗"窗口,输入人员的下岗信息。

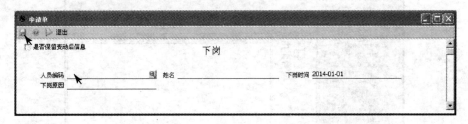

图6.17 申请单—下岗

6.2.4 离职管理

1. 离职管理概述

离职是员工离开岗位和职位的处理。包括离职、退职、离休、退休四种情况。

2. 离职管理的数据结构

(1) 离职信息表保存员工的离职信息,主要包括人员编码、姓名、离职时间、离职原因、薪资级别、停发时间、退保时间、退保原因、合同终止时间等数据项。

(2) 退职信息表保存员工的退职信息,主要包括人员编码、姓名、退职时间、退职原因、薪资级别、停发时间、退保时间、退保原因、合同终止时间等数据项。

(3) 离休信息表保存员工的离休信息,主要包括人员编码、姓名、离休时间、离休原因、薪资级别、停发时间、退保时间、退保原因、合同终止时间等数据项。

(4) 退休信息表保存员工的退休信息,主要包括人员编码、姓名、退休时间、退休原因、薪资级别、停发时间、退保时间、退保原因、合同终止时间等数据项。

3. 离职管理的案例

【案例6.3】 人事科1月1日收到表6.5所示人员离退表。李娜负责离退管理的事务工作。

表6.5 人员离退表(简表)

编码	姓名	部门	离退类型	薪资发放截止	合同终止日期
0202010	刘欣	财务部	离职	2013—12	2013—03—01

4. 离职管理的操作

在图6.3所示的人事管理窗口,选择"业务工作"→"人力资源"→"人事管理"→"人员管理"→"离职管理"选项,出现图6.18所示的离职业务窗口。

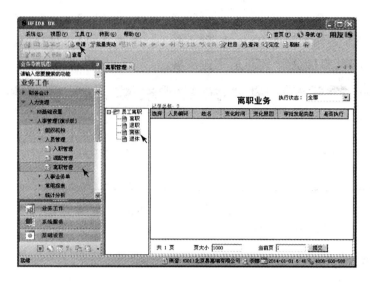

图 6.18 离职业务

(1) 离职。

在图 6.18 所示的离职业务窗口,选择"离职"选项,单击"申请"按钮后,出现图 6.19 所示的申请单—离职窗口,输入人员的离职信息。

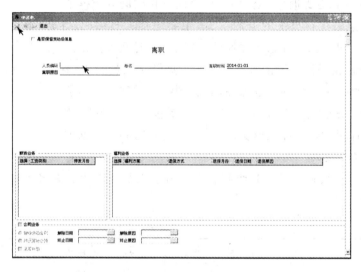

图 6.19 申请单—离职

(2) 退职。

在图 6.18 所示的离职业务窗口,选择"退职"选项,单击"申请"按钮后,出现图 6.20 所示的申请单—退职窗口,输入人员的退职信息。

第六章 人员管理模块

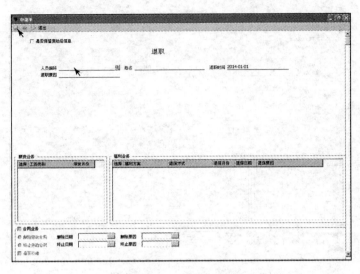

图 6.20　申请单—退职

说明：参照表 6.5 所示人员离退表完成人员的离职操作。

（3）离休。

在图 6.18 所示的离职业务窗口，选择"离休"选项，单击"申请"按钮后，出现图 6.21 所示的申请单—离休窗口，输入人员的离休信息。

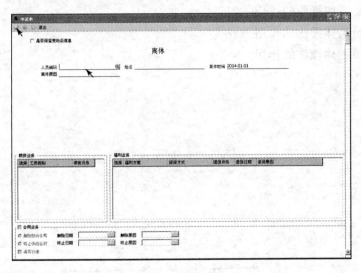

图 6.21　申请单—离休

（4）退休。

在图 6.18 所示的离职业务窗口，选择"退休"选项，单击"申请"按钮后，出现图 6.22 所示的申请单—退休窗口，输入退休信息。

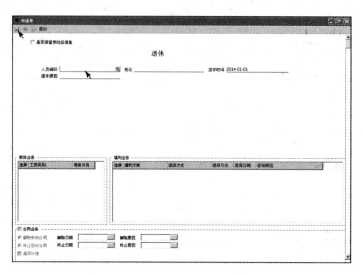

图 6.22 申请单—退休

思 考 题

1. 说明人员管理模块完成的任务。
2. 说明人员管理业务操作的流程。
3. 说明人员入职操作的作用。
4. 说明人员离休操作的作用。
5. 说明人员退休操作的作用。

第七章 人事合同管理模块

人事合同管理模块完成设置人事合同管理参数、管理人事合同、记录劳动争议、统计和查询人事合同数据等管理工作。本章介绍人事合同管理工作要完成的任务,说明人事合同管理工作的信息处理流程,详细介绍人事合同管理模块的操作过程。

学习目标:
1. 了解人事合同管理完成的业务,掌握人事合同管理模块的处理流程。
2. 掌握人事合同管理设置初始参数的操作方法。
3. 掌握人事合同管理各环节的操作方法。
4. 掌握人事合同管理获得统计信息的操作方法。

7.1 人事合同管理的概述

7.1.1 人事合同管理的业务介绍

1. 人事合同管理

人事合同管理模块以国家法律为指导,建立企业与员工间的劳动关系的法律约定,完成人事合同管理的工作。人事合同管理包括合同的查询、初签、续签、变更、终止等业务管理工作,人事管理人员定期提示员工合同到期事宜,记录人事合同争议,定期上报统计报表。

2. 人事合同管理的业务工作

人力资源管理信息系统的人事合同管理模块负责收集和加工人事合同管理的信息,完成人事合同业务的处理工作,记录和解决劳动争议,利用信息加工的结果为上级管理人员提供决策信息服务,实现了人事合同的全程管理。主要业务工作包括:

(1) 收集和整理人事合同管理的法律政策。

人事合同管理是企业与员工间劳动关系的法律约定。建立人事合同要遵循国家法律的约束,人力资源管理部门的合同管理人员负责收集和整理有关人事合同的法律文件,按照最新的法律标准制定和管理人事合同。

(2) 完成设置人事合同管理参数的任务。

企业的人事合同管理工作需要设置人事合同管理参数。企业需要结合人事合同政策,设置人事合同项目、类别等参数。

(3) 完成人事合同管理的日常业务工作。

人事合同的日常业务工作涉及以下内容:
- 人事合同的查询、初签、变更、续签、终止等。
- 对合同即将到期的人员及时发布提示通知。
- 及时记录和解决合同执行期间产生的劳动争议。
- 人事合同信息的统计。

7.1.2 人事合同管理的操作流程

1. 人事合同管理模块操作流程

人力资源管理信息系统的人事合同管理模块操作流程:

(1) 设置人事合同管理模块的运行参数。

设置人事合同项目。企业可以根据实际情况设置人事合同项目的名称和属性。

(2) 人事合同业务处理。

完成人事合同的业务管理工作。

(3) 信息统计。

人事合同业务数据加工后,可以产生各种人事合同表格提供查询、打印、归档。

2. 人事合同管理模块操作流程图

人事合同管理模块操作流程如图 7.1 所示。

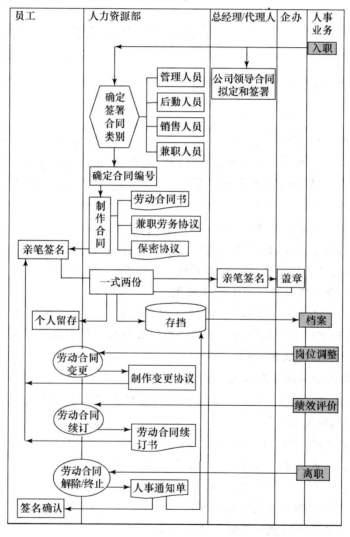

图 7.1 人事合同管理模块的操作流程

7.1.3 人事合同管理的数据结构

1. 数据结构

人事合同管理模块的数据结构用于保存与人事合同管理有关的信息,信息以表格的形式保存。

(1) 人事合同表(人员情况)保存人员的合同信息,包括人员编码、姓名、工号、部门、人员类别、性别、出生日期、籍贯、民族、健康状况、婚姻状况、证件类型、证件号码、户籍、曾用名、参加工作时间、进入本行业时间、转正时间、社会保障号、是否是试用人员、人员属性、到职日期、手机、家庭电话、办公电话、内线电话、E-mail、家庭住址、邮政编码、通讯地址、QQ号、个人网址、工位、离职日期、国家地区、职员身份、从业状况、用工形式、合同初签日期、合同到期日期、英文名、年龄、司龄、工龄、户口性质、福利地区、是否核心人才、离职原因、证件期限开始时间、证件期限截止时间、签发机关、血型等数据项。

(2) 人事合同表保存人员的合同信息,包括合同编号、人员编码、姓名、工号、部门、人员类别、性别、出生日期、证件类型、证件号码、邮政编码、家庭住址、户籍、用工形式、到职日期、离职日期、人事合同类型、合同期限类型、合同状态、签订日期、生效日期、试用期限(月)、试用到期日期、岗位(工种)、工作地点、应达工作标准、工时制度、休息日安排、休假制度、薪资制度、月薪资、试用期薪资、发薪日、月薪资说明、生活费标准、待工薪资说明、其他薪资约定、病假薪资、福利待遇、劳动保护条款、其他事项、附件说明、备注、单位名称、法定代表人、单位邮政编码、单位地址、终止日期、解除日期、解除/终止原因、是否补偿、补偿期限(月)、补偿金额、签订操作人、签订操作日期、修改操作人、修改操作日期、解除/终止操作人、解除/终止操作日期、合同初签日期等数据项。

(3) 保密协议表保存保密协议信息,包括部门、人员编码、人员姓名、工号、性别、出生日期、证件类型、证件号码、家庭住址、邮政编码、户籍、协议编号、协议状态、签订状态、续签次数、签订日期、协议期限月、协议生效时间、协议到期时间、补偿金公式、赔偿金公式、是否变更、备注等数据项。

(4) 培训协议表保存培训协议的信息,包括部门、人员编码、人员姓名、工号、性别、出生日期、证件类型、证件号码、家庭住址、邮政编码、户籍、协议编号、协议状态、签订状态、续签次数、签订日期、协议期限月、协议生效时间、协议到期时间、培训时间天、培训开始时间、培训结束时间、培训类别、培训内容、培训方式、培训费用、费用责任、服务年限、补偿金公式、赔偿金公式、是否变更、备注等数据项。

(5) 岗位协议表保存岗位协议的信息,包括部门、人员编码、人员姓名、工号、性别、出生日期、证件类型、证件号码、家庭住址、邮政编码、户籍、岗位、协议编号、协议状态、签订状态、续签次数、签订日期、协议期限月、协议生效时间、协议到期时间、补偿金公式、赔偿金公式、是否变更、备注等数据项。

(6) 劳动争议表保存岗位协议的信息,包括人员编码、人员姓名、家庭住址、邮政编码、手机号、家庭电话、E-mail 地址、部门、争议编号、争议发生时间、争议原因、员工要求、争议处理部门、争议处理结果、调解单位、调解开始时间、调解结束时间、调解结果、仲裁单位、仲裁开始时间、仲裁结束时间、仲裁结果、诉讼单位、诉讼开始时间、诉讼结束时间、诉讼结果、备注等数据项。

2. 系统的主要职能

人事合同管理模块为负责人事合同管理业务的操作人员,提供了人事合同管理业务数据表的记录进行增加、修改、删除、查询、输出等操作。同时,人事合同管理模块也提供了大量实时的信息统计、报表生成等操作,以便业务人员能够得到人力资源管理相关信息的统计结果并及时打印。

7.2 人事合同管理模块的应用

本节介绍人事合同管理模块的操作过程,说明合同管理签订、续签、变更的操作方法。

7.2.1 登录系统

1. 案例说明

北京易惠瑞有限公司人力资源部门人事科设置人事合同管理岗位,完成以下业务工作:
(1) 负责设置人事合同管理参数。
(2) 负责完成人事合同业务的信息管理工作。
(3) 完成信息查询、统计、报表工作。
人事科的李娜负责完成人事合同管理工作。

2. 登录系统

选择"开始"→"程序"→"用友 U8V10.0"→"系统服务"→"企业应用平台"选项,出现图 7.2 所示的"登录"窗口。

图 7.2 "登录"窗口

说明:本例以操作员 102(李娜)的身份登录系统。该操作员具有人事合同管理模块操作的权限。

在图 7.2 所示的"登录"窗口,输入"操作员"、"密码"、"账套"等信息,单击"登录"按钮,出现图 7.3 所示的人事合同管理窗口。

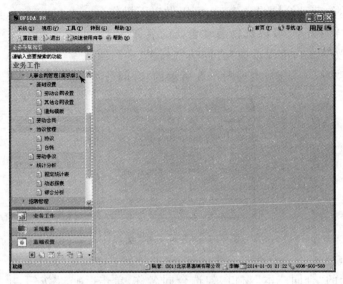

图 7.3　人事合同管理

7.2.2　基础设置

基础设置用于设置人事合同模块的应用参数,包括设置劳动合同范本、设置合同的内容和格式、设置通知模板的内容等工作。

1. 设置劳动合同的范本

人事合同管理模块预置了劳动合同、固定期限劳动合同、无固定期限劳动合同、任务型劳动合同、劳务派遣型合同、非全日制劳动的范本,企业可以根据需要修改、调整人事合同的范本。

【案例7.1】　查阅和设置劳动合同的范本。

在图7.3所示的人事合同管理窗口,选择"基础设置"→"劳动合同设置"选项,出现图7.4所示的劳动合同设置窗口。

图 7.4　劳动合同设置

在图7.4所示的劳动合同设置窗口,可以做以下操作:
(1) 在"劳动合同类型"可以选择劳动合同的名称。
(2) 单击"修改"按钮,可以修改"合同项目列表"中的项目。
(3) 在合同范本双击鼠标,出现图7.5所示的"合同范本"窗口。

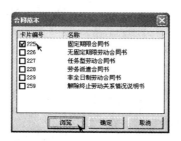

图7.5 "合同范本"窗口

在图7.5所示的"合同范本"窗口,勾选合同名称,单击"浏览"按钮,出现图7.6所示的合同书范本内容窗口,可以修改合同范本的内容。

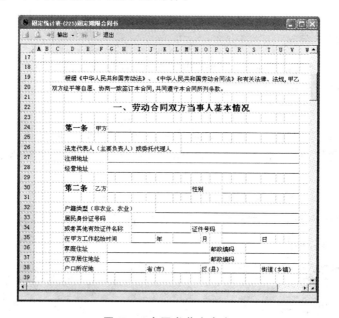

图7.6 合同书范本内容

2. 设置协议的范本

人事合同管理模块预置了保密协议、培训协议、岗位协议的范本,企业可以根据需要修改、调整协议的范本。

【案例7.2】 查阅设置协议的范本。

在图7.3所示的人事合同管理窗口,选择"基础设置"→"其他合同设置"选项,出现图7.7所示的合同类型管理窗口。

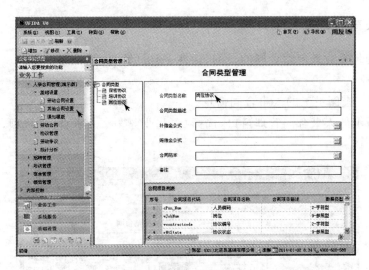

图 7.7 合同类型管理

在图 7.7 所示的合同类型管理窗口，可以修改协议范本的内容。

3. 通知模板

人力资源管理部门的人员可以为员工发送合同管理的通知。发送通知时需要先选择一些合同，再选择发送对象以及各自的通知模板，将选中合同的相关信息自动套用通知模板的格式，产生通知内容，发送出去。系统中预置了签订、解除、终止、续签合同通知模板。企业可以根据需要修改调整。

【案例 7.3】 设置通知模板的内容。

在图 7.3 所示的人事合同管理窗口，选择"基础设置"→"通知模板"选项，出现图 7.8 所示的通知模板窗口。

图 7.8 通知模板

在图 7.8 所示的通知模板窗口，可以增加、删除、修改通知模板的内容。

7.2.3 人事合同

人事合同的日常业务包括合同的查询、初签、变更、续签、终止等工作。

1. 查询合同

【案例 7.4】 查阅员工的人事合同信息。

在图 7.3 所示的人事合同管理窗口,选择"福利业务"→"人事合同"选项,出现图 7.9 所示的人事合同窗口。

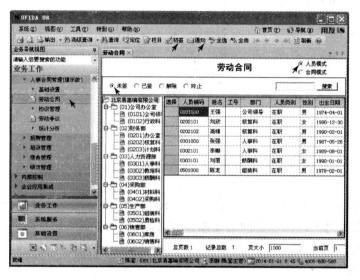

图 7.9 人事合同

在图 7.9 所示的人事合同窗口,显示了员工的人事合同信息。可以按照人员模式和合同模式查看未签合同、已签合同、解除合同、终止合同的人员信息。

2. 初签合同

(1)设计初签合同的通知模板。

【案例 7.5】 设置为员工初签人事合同的通知模板。

在图 7.9 所示的人事合同窗口,单击"通知"按钮,出现图 7.10 所示的"通知"窗口。

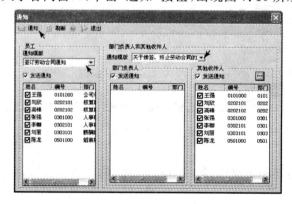

图 7.10 "通知"窗口

在图 7.10 所示的"通知"窗口,选择通知模板名称和接收通知的人员,单击"通知"按钮,给指定人员发送通知。

【案例 7.6】 为员工王强、张强、陈龙发签署固定期限劳动合同,其他人员为无固定期限劳动合同。

在图 7.9 所示的人事合同窗口,单击"初签"按钮,出现图 7.11 所示的"初签劳动合同"窗口。

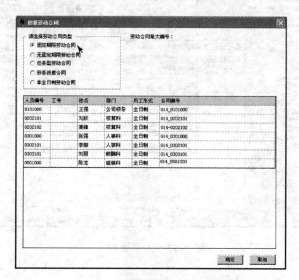

图 7.11 "初签劳动合同"窗口

在图 7.11 所示的"初签劳动合同"窗口,选择合同的类型,输入合同编号,单击"确定"按钮,出现图 7.12 所示的人事合同文本窗口。

图 7.12 人事合同文本

在图 7.12 所示的人事合同文本窗口,单击"退出"按钮,返回到图 7.9 所示的人事合同窗口,合同状态由"未签"变为"已签"。

3. 变更合同

【案例 7.7】 员工刘丽因岗位变更需要变更合同。

如图 7.13 所示的人事合同窗口,"劳动合同"选择"合同模式",选择人员,单击"变更"按钮,出现图 7.14 所示的"变更劳动合同"窗口。

图 7.13 人事合同

图 7.14 "变更劳动合同"窗口

在图 7.14 所示的"变更劳动合同"窗口,输入变更日期、变更原因、变更内容,保存输入的信息后,返回到图 7.13 所示的人事合同窗口。

4. 解除合同

【案例 7.8】 员工高锋辞职解除合同。

如图 7.13 所示的人事合同窗口,"劳动合同"选择"合同模式",选择人员,单击"解除"按钮,出现图 7.15 所示的"解除劳动合同"窗口。

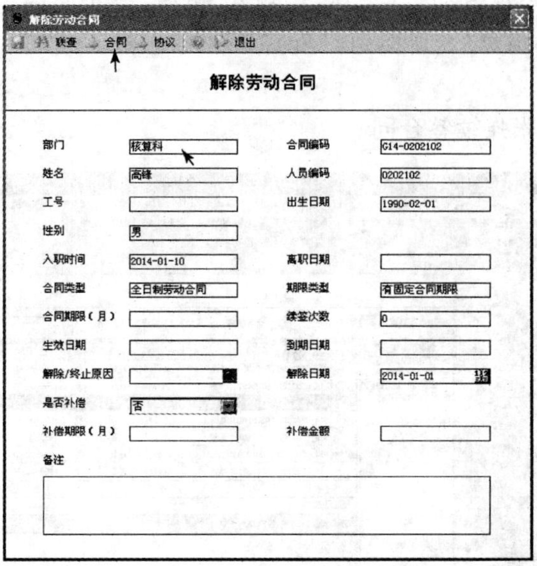

图 7.15 "解除劳动合同"窗口

在图 7.15 所示的"解除劳动合同"窗口,输入"解除/终止原因"、"解除日期"、"是否补偿"、"备注",保存输入的信息后,返回到图 7.13 所示的人事合同窗口。

5. 终止

【案例 7.9】 员工刘丽被辞退终止合同。

如图 7.13 所示的人事合同窗口,"人事合同"选择"合同模式",选择人员,单击"终止"按钮,出现图 7.16 所示的"终止劳动合同"窗口。

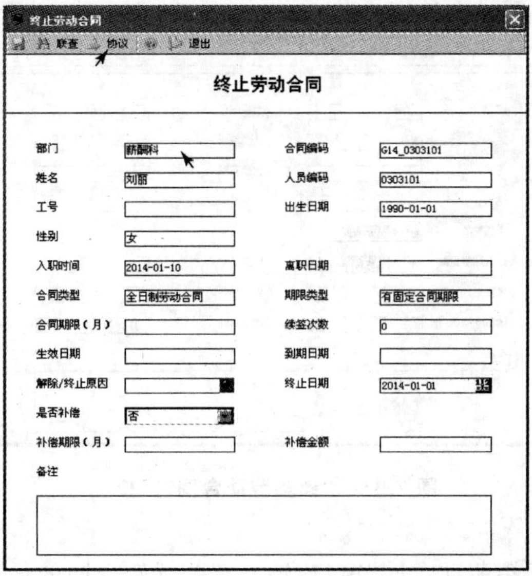

图 7.16 "终止劳动合同"窗口

在图 7.16 所示的"终止劳动合同"窗口,输入"解除/终止原因"、"解除日期"、"是否补偿"、"备注",保存输入的信息后,返回到图 7.13 所示的人事合同窗口。

6. 续签合同

【案例 7.10】 员工张强续签合同。

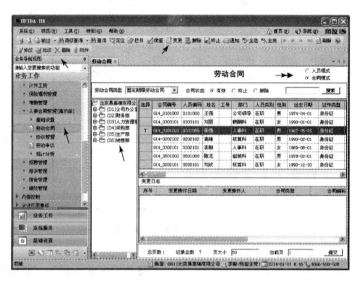

图 7.17 人事合同

在如图 7.17 所示的人事合同窗口,"人事合同"选择"合同模式",选择人员,单击"续签"按钮,出现图 7.18 所示的"续签劳动合同"窗口。

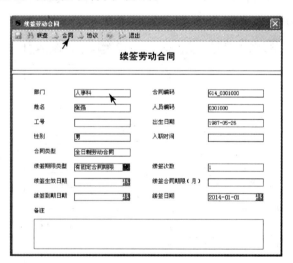

图 7.18 "续签劳动合同"窗口

在图 7.18 所示的"续签劳动合同"窗口,输入有关续签合同的信息,保存输入的信息后,返回到图 7.17 所示的人事合同窗口。

7.2.4 协议管理

1. 协议

协议管理包括保密协议、培训协议、岗位协议的管理。每类协议的状态包括有效、已终止、已解除。每种协议的业务操作包括初签、修改、批改、变更、续签、解除、终止、删除。

(1) 保密协议。

【案例 7.11】 员工王强初签保密协议。

在图 7.3 所示的人事合同管理窗口,选择"协议管理"→"协议"选项,出现图 7.19 所示的协议管理—保密协议窗口。

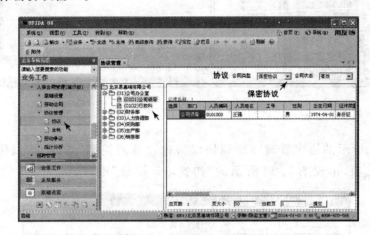

图 7.19 协议管理—保密协议

在图 7.19 所示的协议管理—保密协议窗口,"合同类型"选择"保密协议",选择"业务"→"初签"选项,出现图 7.20 所示的"初签保密协议"窗口。

图 7.20 "初签保密协议"窗口

在图 7.20 所示的"初签保密协议"窗口,单击"查询"按钮,出现人员列表,选择人员,填写保密协议的信息,保存输入的内容后,返回到图 7.19 所示的协议管理—保密协议窗口。

(2) 培训协议。

【案例 7.12】 员工张强初签培训协议。

在图 7.3 所示的人事合同管理窗口,选择"协议管理"→"协议"选项,出现图 7.21 所示的协议管理—培训协议窗口。

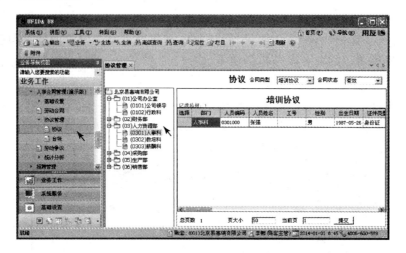

图 7.21　协议管理—培训协议

在图 7.21 所示的协议管理—培训协议窗口,"合同类型"选择"培训协议",选择"业务"→"初签"选项,出现图 7.22 所示的"初签培训协议"窗口。

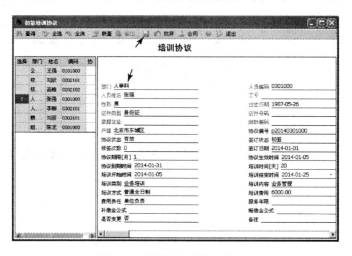

图 7.22　"初签培训协议"窗口

在图 7.22 所示的"初签培训协议"窗口,单击"查询"按钮,出现人员列表,选择人员,填写培训协议的信息,保存输入的内容后,返回到图 7.21 所示的协议管理—培训协议窗口。

(3) 岗位协议。

【案例 7.13】　员工刘丽初签岗位协议。

在图 7.3 所示的人事合同管理窗口,选择"协议管理"→"协议"选项,出现图 7.23 所示的协议管理—岗位协议窗口。

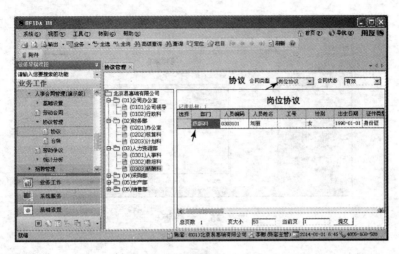

图 7.23 协议管理—岗位协议

在图 7.23 所示的协议管理—岗位协议窗口,"合同类型"选择"岗位协议",选择"业务"→"初签"选项,出现图 7.24 所示的"初签岗位协议"窗口。

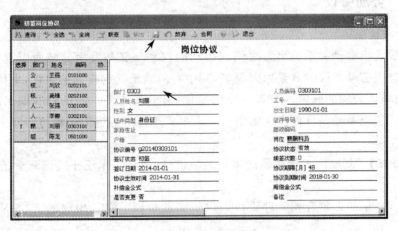

图 7.24 "初签岗位协议"窗口

在图 7.24 所示的"初签岗位协议"窗口,单击"查询"按钮,出现人员列表,选择人员,填写岗位协议的信息,保存输入的内容后,返回到图 7.23 所示的协议管理—岗位协议窗口。

2. 台账

针对协议管理的三类协议以台账的形式显示结果,可以按照人员模式和合同模式显示台账的信息。

【案例 7.14】 显示全部已经签署的协议信息。

在图 7.3 所示的人事合同管理窗口,选择"协议管理"→"台账"选项,出现图 7.25 所示的台账管理窗口。

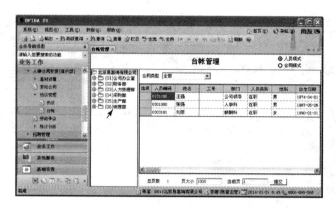

图 7.25 台账管理

在图 7.25 所示的台账管理窗口,"合同类型"选择"全部"选项,显示签署了合同的人员信息。

说明:如果"合同类型"选择"保密协议"选项,那么只显示签署"保密协议"的人员。

7.2.5 劳动争议

1. 劳动争议概述

劳动争议是指劳动关系当事人之间因劳动的权利与义务发生分歧而引起的争议,又称劳动纠纷。产生劳动争议的背景原因很多,其中有的属于既定权利的争议,即因适用劳动法和人事合同、集体合同的既定内容而发生的争议;有的属于要求新的权利而出现的争议,这是由于制定或变更劳动条件而发生的争议。人事管理部门应当记录和协调解决劳动争议。

2. 案例

【案例 7.15】 刘欣因工作问题产生劳动争议,希望将工作任务适当调整,经调解后问题得到解决。

在图 7.3 所示的人事合同管理窗口,选择"劳动争议"选项,出现图 7.26 所示的劳动争议窗口。

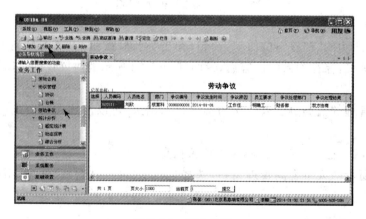

图 7.26 劳动争议

在图 7.26 所示的劳动争议窗口,单击"增加"按钮,出现图 7.27 所示的劳动争议记录窗口。

图 7.27 劳动争议记录

在图 7.27 所示的劳动争议记录窗口,输入劳动争议的内容,保存输入的内容后,返回到图 7.26 所示的劳动争议窗口。

7.2.6 统计分析

1. 统计分析概述

人事合同管理的统计分析是指对各种类型的人事合同、协议进行统计,得到年度内合同或协议的初签、变更、终止、解除的人数信息。

例如,人事合同管理数据包括员工人事合同当前情况统计表、员工人事合同当前情况明细表、员工人事合同初签情况明细表、员工人事合同期满情况预报及处理表、解除人事合同员工情况明细表、解除人事合同员工表、终止人事合同员工情况表、终止人事合同员工表、解除或终止人事合同员工情况表、员工人事合同明细及累计情况表、员工人事合同续签情况明细表。

2. 案例

【案例 7.16】 显示 2014 年 1 月员工人事合同当前情况统计表。

在图 7.3 所示的人事合同管理窗口,选择"统计分析"→"动态报表"选项,出现图 7.28 所示的"动态报表管理"窗口。

图 7.28 "动态报表管理"窗口

在图 7.28 所示的“动态报表管理”窗口，选择“合同报表”选项，在右侧选择“员工劳动合同当前情况统计表”，出现图 7.29 所示的“参数赋值”窗口。

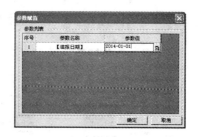

图 7.29 “参数赋值”窗口

在图 7.29 所示的“参数赋值”窗口，输入条件，单击“确定”按钮，出现图 7.30 所示的“动态报表数据预览”窗口。

说明：本例表示填报日期是 2014 年 1 月 1 日的合同统计结果。

员工劳动合同当前情况统计表

单　位：北京易惠瑞有限公司　　　　时　间：2014-01-01

部门编号	部门名称	人数	固定期限合同				无固定期限合同	以完成一定工作为期限	未签订劳动合同
			1年以下	1-3年	3-5年	5年以上			
合计		7	0	0	3	0	4	0	0
01	公司办公室	0	0	0	0	0	0	0	0
02	财务部	0	0	0	0	0	0	0	0
0101	公司领导	1	0	0	1	0	0	0	0
0102	行政科	0	0	0	0	0	0	0	0
03	人力资源部	1	0	0	1	0	0	0	0
04	采购部	0	0	0	0	0	0	0	0
05	生产部	1	0	0	1	0	0	0	0
06	销售部	0	0	0	0	0	0	0	0
0201	办公室	0	0	0	0	0	0	0	0
0202	核算科	2	0	0	0	0	2	0	0
0203	计划科	0	0	0	0	0	0	0	0
0301	人事科	1	0	0	0	0	1	0	0
0302	教培科	0	0	0	0	0	0	0	0
0303	薪酬科	1	0	0	0	0	1	0	0
0401	采购核算科	0	0	0	0	0	0	0	0
0402	采购科	0	0	0	0	0	0	0	0
0501	组装科	0	0	0	0	0	0	0	0
0502	质检科	0	0	0	0	0	0	0	0
0601	库房	0	0	0	0	0	0	0	0
0602	销售科	0	0	0	0	0	0	0	0

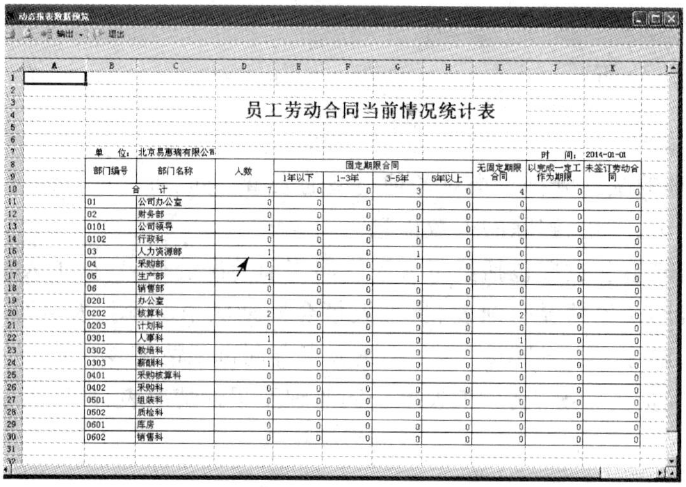

图 7.30 “动态报表数据预览”窗口

思　考　题

1. 说明人事合同管理模块完成的任务。
2. 说明人事合同管理业务操作的流程。
3. 人事合同管理涉及哪些数据表？每个数据表有哪些项目？
4. 说明人事合同管理业务的处理流程。
5. 说明人事合同业务的职能。
6. 什么是劳动争议？产生劳动争议后要记录哪些内容？
7. 统计分析职能的作用是什么？可以产生哪些表格成果？

第八章 培训管理模块

培训管理模块完成培训资源管理、培训需求管理、制订培训计划、实施培训活动、进行培训评估、建立培训档案、查询和统计培训信息等信息管理工作。本章介绍培训管理工作要完成的任务,说明培训管理工作的信息处理流程,详细介绍培训管理模块的操作过程。

学习目标:
1. 了解培训管理工作主要完成的任务。
2. 掌握培训管理的操作流程。
3. 掌握培训资源管理的任务和操作方法。
4. 掌握培训计划管理的任务和操作方法。
5. 掌握培训活动管理的任务和操作方法。
6. 掌握培训评估管理的任务和操作方法。
7. 了解培训数据统计和查询的操作方法。

8.1 培训管理的概述

8.1.1 培训管理的业务介绍

1. 培训管理

对于公司的新员工来说,要尽快适应并胜任工作,除了自己努力学习以外,还需要公司提供业务培训。对于在岗的员工来说,为了适应企业战略的调整,需要不断调整和提高自己的技能。所以,为了提升新老员工的素质,需要对员工进行有效培训,培训的内容主要包括有企业文化培训、规章制度培训、岗位技能培训以及管理技能开发培训。培训工作必须做到具有针对性,要考虑不同受训者群体的具体需求。对于新进员工来说,培训工作能够帮助他们适应并胜任工作;对于在岗员工来说,培训能够帮助他们掌握岗位所需要的新技能,并帮助他们最大限度开发自己的潜能,而对于公司来说,培训工作会让企业的工作顺利开展,企业的业绩不断提高。

企业对员工进行培训,需要有一套完整的管理工作。在企业的日常运营过程中,人力资源管理部门所做的工作包括培训需求分析、制订培训计划、培训实施、培训效果评估以及最后的培训资料整理归档等环节。人力资源管理部门从事培训管理工作的人员,需要组织受训人员、配置课程体系、组织师资队伍、选取培训设施和培训机构、编写培训资料、选择培训场地等任务。

人力资源管理信息系统的培训管理模块负责收集和加工培训管理的信息,及时提供培训计算、查询、报表等培训信息加工的结果,为提升企业人员的素质提供决策信息服务。培训管理模块提供了培训资源管理、培训需求管理、培训计划制订、培训活动实施、培训评估以及员工培训档案管理的功能。

2. 培训管理的主要业务工作

(1) 管理培训资源。

培训资源包括培训机构、培训教师、培训课程、培训设施、培训资料等。人力资源部门负责管理培训资源的各个环节,为参加培训的人员选择培训机构,合理安排培训教师和课程内容,有效地管理培训工作。

(2) 管理培训需求。

企业有关部门根据人才和业务发展的需要提出培训需求,包括培训内容、培训方式、人员、费用等计划报人力资源管理部门进行审批。

(3) 制订培训计划。

人力资源管理部门审批培训需求,明确培训时间、地点,选择培训机构、聘请培训教师、安排培训内容,制订培训计划细则。

(4) 实施培训活动。

人力资源管理部门根据培训计划要求,适时发布培训通知、组织和安排培训活动。

(5) 培训评估。

为了提高培训工作的质量,不断总结培训工作的效果,在培训管理工作中,需要对培训内容、培训教师、总体效果等进行评估工作。

(6) 管理培训档案。

人力资源管理部门负责管理员工的培训档案,记录员工的培训信息,包括培训内容、培训方式、培训时间、培训结果、证书编号、证书有效期等内容。

(7) 培训信息统计。

人力资源管理部门负责统计员工培训的数据,以图表的形式提供培训数据分析的结果。为企业的人才培养提供信息服务。

8.1.2 培训管理的操作流程

1. 培训管理模块操作流程

人力资源管理信息系统的培训管理模块操作流程:

(1) 管理培训资源信息,包括培训机构、培训教师、培训课程、培训设施、培训资料等。

(2) 企业相关部门提出培训需求,填写培训需求资料。

(3) 人力资源部的人员审核培训需求,编制培训计划。

(4) 人力资源部的人员实施培训计划,发布培训通知、开展培训活动。

(5) 有关部门、人员对培训工作进行评估和总结。

(6) 人力资源部的人员管理培训人员档案,记录培训结果。

(7) 人力资源部的人员实施培训管理任务,整理有关资料报表。

2. 培训管理模块操作流程图

培训管理的操作流程图如图 8.1 所示。

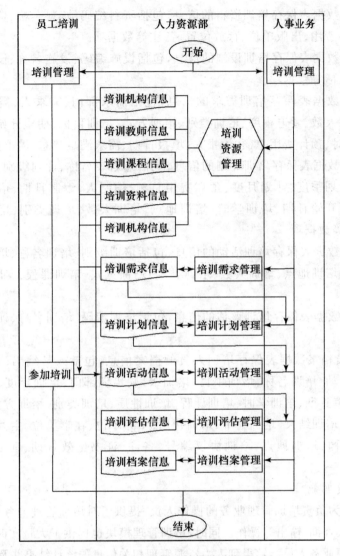

图 8.1 培训管理的操作流程图

8.1.3 培训管理的数据结构

1. 数据结构

培训管理模块的数据结构用于保存与培训管理有关的信息,信息以表格的形式保存。
培训管理主要涉及以下数据表格管理:

(1) 培训机构数据表保存培训机构的信息,包括机构名称、机构类别、机构地址、联系人、联系电话、机构简介、备注等数据项。

(2) 培训教师数据表保存培训教师的信息,包括教师编码、教师类别、教师姓名、性别、学历、专业、工作单位、部门、岗位、职务、职称、联系电话、教师简介、备注等数据项。

(3) 培训课程数据表保存培训课程的信息,包括课程编码、课程名称、课程内容、课程学时、备注、是否有效、通用课程、岗位序列、适用岗位等数据项。

(4)培训资料数据表保存培训资料的信息,包括资料编码、资料名称、资料类别、资料简介、资料作者、资料费用、出版单位、存放位置、备注等数据项。

(5)培训设施数据表保存培训设施的信息,包括设施编码、设施名称、设施类别、设施简介、联系人、联系电话等数据项。

(6)培训需求数据表保存培训需求的信息,包括需求部门、需求人、需求课程、需求内容、需求原因、需求人数、紧迫程度、培训类别、培训方式、培训目标、期望开始日期、期望结束日期、预计培训学时、预计费用总额、填报人、填报日期、需求满足状态、需求类型等数据项。

(7)培训计划数据表保存培训计划的信息,包括计划表名称、计划级别、计划部门、计划类型、计划年度、计划季度、计划月度、预算费用总额、编制人、编制日期、培训级别、培训名称、培训部门、培训开始日期、培训学时、培训地点、培训人数、培训类别、培训方式、培训课程、实际培训费用等数据项。

(8)培训活动数据表保存培训活动的信息,包括培训级别、培训名称、培训部门、培训开始日期、培训学时、培训地点、培训人数、培训类别、培训方式、培训课程、实际培训费用等数据项。

(9)培训评估数据表保存培训评估的信息,包括培训编码、培训名称、评估项目、评估结果等数据项。

(10)培训人员档案数据表保存培训人员的档案信息,包括人员编码、人员姓名、部门、岗位、职务、培训活动、培训名称、培训项目、培训级别、培训部门、培训年度、培训季度、培训开始日期、培训结束日期、培训学时、培训课程、培训性质、培训类别、培训方式、培训目标、培训内容、培训成绩、培训结果、培训证书、培训费用、主办单位、在学单位、主办单位性质、在学单位性质、培训机构、培训地点、培训协议编号、备注、证书生效日期、证书失效日期等数据项。

2. 系统的主要职能

培训管理模块为负责培训管理业务的操作人员,提供了对培训管理业务数据表的记录进行增加、修改、删除、查询、输出等操作。同时,培训管理模块也提供了大量实时的信息统计、报表生成等操作,以便业务人员能够得到人力资源管理相关信息的统计结果并及时打印。

8.2 培训管理模块的应用

8.2.1 登录系统

1. 案例说明

北京易惠瑞有限公司人力资源部门教培科设置培训管理岗位,完成以下业务工作:
(1)负责完成培训资源管理任务。
(2)负责审核培训需求、制订培训计划。
(3)负责培训活动、管理员工培训档案。
(4)负责人员培训的信息查询、统计、报表工作。
李娜负责完成培训管理工作。

2. 登录系统

选择"开始"→"程序"→"用友 U8V10.0"→"系统服务"→"企业应用平台"选项,出现图 8.2 所示的"登录"窗口。

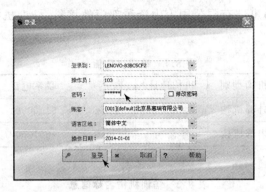

图 8.2 "登录"窗口

说明:本例以操作员 102(李娜)的身份登录系统。该操作员具有培训管理模块操作的权限。

在图 8.2 所示的"登录"窗口,输入"操作员"、"密码"、"账套"等信息,单击"登录"按钮,出现图 8.3 所示的培训管理窗口。

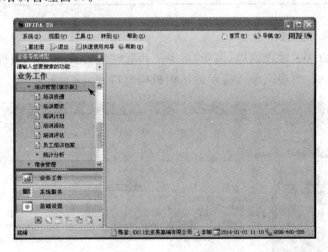

图 8.3 培训管理

8.2.2 培训资源管理

培训资源用于管理培训工作中将会用到的基础信息,培训资源管理是对培训机构、培训教师、培训课程、培训资料、培训设施等管理的工作。主要有增加、修改、删除、输出、打印等功能。

1. 培训机构

(1) 培训机构的职能。

培训机构是负责完成培训工作的部门,教培科负责收集整理培训机构的信息,必要时邀请培训机构为企业的员工培训。

(2)案例说明。

【**案例 8.1**】 北京易惠瑞有限公司人力资源部门教培科,培训机构信息如表 8.1 和 8.2 所示。

表 8.1 培训机构信息

序号	机构名称	机构类别	机构地址	联系人	联系电话	机构简介
1	北京大学	外部机构	北京大学	张三	61000001	大学专业培训机构
2	教培科	内部机构	本公司	刘娜	60010002	本公司培训部门

表 8.2 培训机构名称信息

序号	代码	描述
1	0101	北京大学
2	0102	中国人民大学
3	0201	北大青鸟
4	0301	教培科

(3)培训机构管理的操作过程。

在图 8.3 所示的培训管理窗口,选择"业务工作"→"人力资源"→"培训管理"→"培训资源"→"培训机构"选项,出现图 8.4 所示的培训机构窗口。

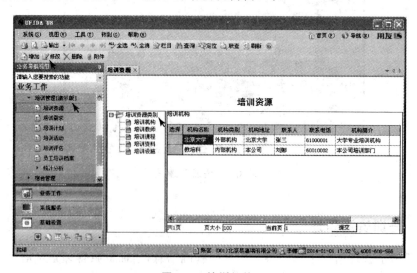

图 8.4 培训机构

在图 8.4 所示的培训机构窗口,单击"增加"按钮,出现图 8.5 所示的增加培训机构窗口,输入培训机构的信息。

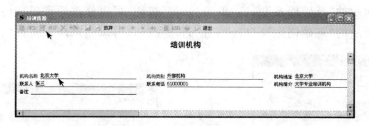

图 8.5　增加培训机构

在图 8.5 所示的增加培训机构窗口,在"机构名称"双击鼠标,出现图 8.6 所示的参照—机构名称窗口,选择参照机构名称。

图 8.6　参照—机构名称

在图 8.6 所示的参照—机构名称窗口,单击"编辑"按钮,出现图 8.7 所示的"基础档案"窗口;选择一个条目,单击"返回"按钮,返回到图 8.5 所示的增加培训机构窗口。

图 8.7　"基础档案"窗口

(4) 管理培训机构的基础档案。

在图 8.7 所示的"基础档案"窗口,单击"增加"按钮,出现图 8.8 所示的"增加档案项"窗口,增加培训机构的信息。

在图 8.8 所示的"增加档案项"窗口,输入档案项信息,单击"确定"按钮,返回到图 8.7 所示的"基础档案"窗口。

说明:参见表 8.2 输入备选的机构名称信息。

● 输入机构名称。在图 8.5 所示的增加培训机构窗口,在"机构类别"双击鼠标,出现图 8.9 所示的参照—机构类别窗口,选择机构类别。

● 输入机构的其他信息。在图 8.5 所示的增加培训机构窗口,输入并保存机构的其他信息后,返回到图 8.4 所示的培训机构窗口。

说明:参见表 8.1 输入培训机构的信息。

在图 8.7 所示的"基础档案"窗口,单击"修改"按钮,可以修改培训机构的信息。

在图 8.7 所示的"基础档案"窗口,单击"删除"按钮,可以删除培训机构的信息。

图 8.8 "增加档案项"窗口

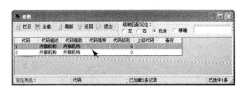

图 8.9 参照—机构类别

2. 培训教师

(1)案例说明。

【案例 8.2】 北京易惠瑞有限公司人力资源部门教培科,培训教师信息如表 8.3 所示。

表 8.3 培训教师信息

序号	教师编码	教师类别	教师姓名	性别	学历	工作单位	职称
1	0101	外部教师	陈强	男	博士毕业	北京大学	教授
2	0102	外部教师	赵丽	女	硕士毕业	中国人民大学	副教授

(2)培训教师管理的操作过程。

在图 8.3 所示的培训管理窗口,选择"业务工作"→"人力资源"→"培训管理"→"培训资源"→"培训教师"选项,出现图 8.10 所示的培训教师窗口。

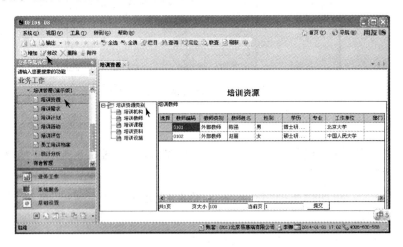

图 8.10 培训教师

在图 8.10 所示的培训教师窗口,单击"增加"按钮,出现图 8.11 所示的增加培训教师窗口,输入培训教师的信息。

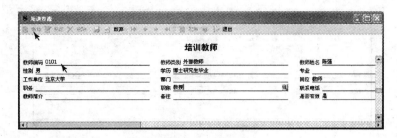

图 8.11 增加培训教师

在图 8.11 所示的增加培训教师窗口,输入并保存教师的信息后,返回到图 8.10 所示的培训教师窗口。

说明:参见表 8.3 输入培训教师的信息。

3. 培训课程

(1) 案例说明。

【案例 8.3】 北京易惠瑞有限公司人力资源部门教培科,培训课程信息如表 8.4 所示。

表 8.4 培训课程信息

序号	课程编码	课程名称	课程内容	学时	岗位序列
1	0101	企业管理概论	企业管理、资源配置	24	管理,行政,业务
2	0102	安全生产管理	安全生产、安全措施	16	技术,生产

(2) 操作过程。

在图 8.3 所示的培训管理窗口,选择"业务工作"→"人力资源"→"培训管理"→"培训资源"→"培训课程"选项,出现图 8.12 所示的培训课程窗口。

图 8.12 培训课程

在图 8.12 所示的培训课程窗口,单击"增加"按钮,出现图 8.13 所示的增加培训课程窗口,输入培训课程的信息。

图 8.13 增加培训课程

在图 8.13 所示的增加培训课程窗口,输入并保存培训课程的信息后,返回到图 8.12 所示的培训课程窗口。

说明:参见表 8.4 输入培训课程的信息。

4. 培训资料

(1) 案例说明。

【案例 8.4】 北京易惠瑞有限公司人力资源部门教培科,培训资料信息如表 8.5 所示。

表 8.5 培训资料信息

序号	资料编码	资料名称	资料类别	资料简介	资料作者	资料费用
1	0101	企业管理概论	培训文稿	自编文稿	张三	25
2	0102	安全生产管理	其他	专题讲座	李四	20

(2) 操作过程。

在图 8.3 所示的培训管理窗口,选择"业务工作"→"人力资源"→"培训管理"→"培训资源"→"培训资料"选项,出现图 8.14 所示的培训资料窗口。

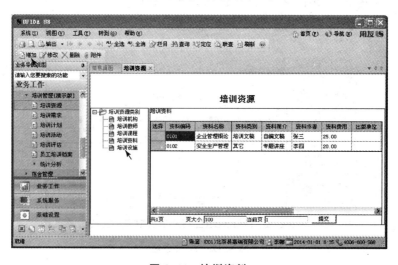

图 8.14 培训资料

在图 8.14 所示的培训资料窗口,单击"增加"按钮,出现图 8.15 所示的增加培训资料窗口,输入培训资料的信息。

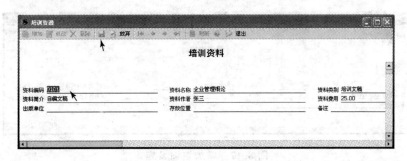

图 8.15　增加培训资料

在图 8.15 所示的增加培训资料窗口,输入并保存培训资料的信息后,返回到图 8.14 所示的培训资料窗口。

说明:参见表 8.5 输入培训资料的信息。

5. 培训设施

(1) 案例说明。

【案例 8.5】　北京易惠瑞有限公司人力资源部门教培科,培训设施信息如表 8.6 所示。

表 8.6　培训设施信息

序号	设施编码	设施名称	设施类别	设施简介
1	0101	1号楼会议室	培训场地	100 人会议室
2	0102	投影仪、摄像机	培训设备	投影仪、摄像机

(2) 操作过程。

在图 8.3 所示的培训管理窗口,选择"业务工作"→"人力资源"→"培训管理"→"培训资源"→"培训设施"选项,出现图 8.16 所示的培训设施窗口。

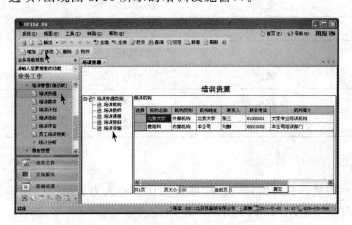

图 8.16　培训设施

在图 8.16 所示的培训设施窗口,单击"增加"按钮,出现图 8.17 所示的增加培训设施窗口,输入培训设施的信息。

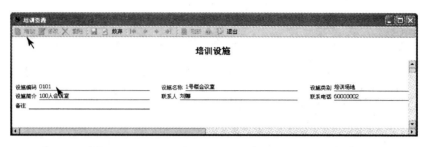

图 8.17　增加培训设施

在图 8.17 所示的增加培训设施窗口,输入并保存培训设施的信息后,返回到图 8.16 所示的培训设施窗口。

说明:参见表 8.6 输入培训设施的信息。

8.2.3　培训需求管理

培训需求管理主要涉及增加、修改、删除培训需求、制定需求时查看岗位信息、管理培训需求附件等。

1. 案例说明

【案例 8.6】　北京易惠瑞有限公司人力资源部门教培科,培训需求信息如表 8.7 所示。

表 8.7　培训需求信息

需求部门	生产部	培训目标	提高安全生产意识
需求人	陈龙	期望开始日期	2014-01-11
需求课程	安全生产、新员工到岗	期望结束日期	2014-01-31
需求内容	安全生产	预计培训学时	20
需求原因	安全生产、新员工到岗	预计费用总额	不详
需求人数	70	填报人	李娜
紧迫程度	紧急	填报日期	2014-01-01
培训类别	业务培训	需求满足状态	未满足
培训方式	在职不脱产	需求类型	公司

2. 操作过程

在图 8.3 所示的培训管理窗口,选择"业务工作"→"人力资源"→"培训管理"→"培训资源"→"培训需求"选项,出现图 8.18 所示的培训需求窗口。

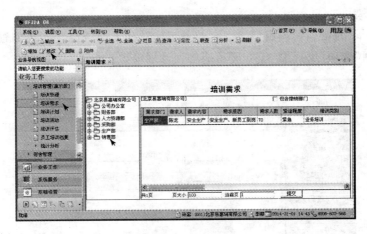

图 8.18 培训需求

在图 8.18 所示的培训需求窗口,单击"增加"按钮,出现图 8.19 所示的增加培训需求窗口,输入培训需求的信息。

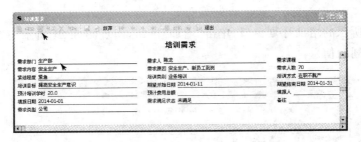

图 8.19 增加培训需求

在图 8.19 所示的增加培训需求窗口,输入并保存教师的信息后,返回到图 8.18 所示的培训需求窗口。

说明:参见表 8.7 输入培训需求的信息。

8.2.4 培训计划管理

培训计划管理主要涉及增加、修改、删除培训计划,制订计划时查看岗位信息、培训需求等。

1. 案例说明

【案例 8.7】 北京易惠瑞有限公司人力资源部门教培科,培训计划信息如表 8.8 所示。

表 8.8 培训计划信息

计划表名称	生产部安全生产培训	计划季度	1
计划级别	部门级	计划月度	1
计划部门	生产部	预算费用总额	3 0000
计划类型	月度计划	编制人	李娜
计划年度	2014	编制日期	2014—01—01

2. 操作过程

在图8.3所示的培训管理窗口,选择"业务工作"→"人力资源"→"培训管理"→"培训资源"→"培训计划"选项,出现图8.20所示的培训计划窗口。

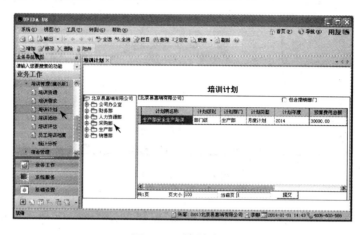

图 8.20　培训计划

在图8.20所示的培训计划窗口,单击"增加"按钮,出现图8.21所示的增加培训计划窗口,输入培训计划的信息。

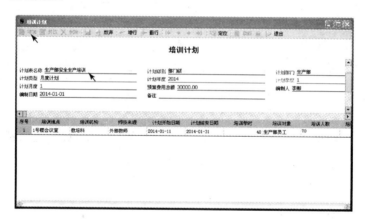

图 8.21　增加培训计划

在图8.21所示的增加培训计划窗口,输入并保存培训计划的信息后,返回到图8.20所示的培训计划窗口。

说明:参见表8.8输入培训计划的信息。

8.2.5　培训活动管理

培训活动工作主要涉及增加、修改、删除培训活动,导入培训计划,管理培训活动附件、以邮件或短信的形式发送培训通知,查看参加某次培训活动的培训学员信息等。

1. 案例说明

【案例8.8】　北京易惠瑞有限公司人力资源部门教培科,培训活动信息如表8.11所示。

表 8.9 培训活动信息

培训级别	部门级	培训人数	70
培训名称	安全生产管理	培训类别	业务培训
培训部门	生产部	培训方式	在职半脱产
培训开始日期	2014—01—11	培训课程	安全生产管理
培训学时	35	实际培训费用	30000
培训地点	1号楼会议室		

2. 操作过程

在图 8.3 所示的培训管理窗口,选择"业务工作"→"人力资源"→"培训管理"→"培训资源"→"培训活动"选项,出现图 8.22 所示的培训活动窗口。

图 8.22 培训活动

在图 8.22 所示的培训活动窗口,单击"增加"按钮,出现图 8.23 所示的增加培训活动窗口,输入培训活动的信息。

图 8.23 增加培训活动

在图 8.23 所示的增加培训活动窗口,输入并保存培训活动的信息后,返回到图 8.22 所示的培训活动窗口。

说明：参见表8.9输入培训活动的信息。

8.2.6 培训评估管理

培训评估主要涉及增加、修改、删除对活动的评估或活动引用的培训资源的评估等。

1. 案例说明

【案例8.9】 北京易惠瑞有限公司人力资源部门教培科，培训评估信息如表8.10所示。

表8.10 培训评估信息

序号	培训编码	培训名称	评估项目	评估结果
1	140101001	安全生产管理	课程内容满意度	优
2	140101001	安全生产管理	授课教师满意度	良
3	140101001	安全生产管理	培训总体效果	优

2. 操作过程

在图8.3所示的培训管理窗口，选择"业务工作"→"人力资源"→"培训管理"→"培训资源"→"培训评估"选项，出现图8.24所示的培训评估窗口。

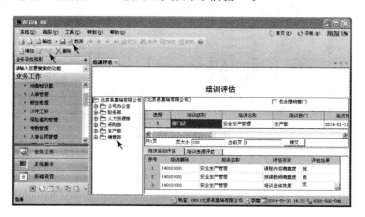

图8.24 培训评估

在图8.24所示的培训评估窗口，单击"增加"按钮，输入评估项目和评估结果。

说明：参见表8.10输入培训评估的信息。

8.2.7 培训档案管理

对员工的培训档案进行维护管理，主要涉及增加、修改、删除、批量增加、批量修改员工培训档案、管理员工培训档案等。

1. 案例说明

【案例8.10】 北京易惠瑞有限公司人力资源部门教培科，培训档案信息如表8.11所示。

表 8.11　培训档案信息（简表）

人员编码	人员姓名	培训活动	培训开始日期	学时	成绩	结果	培训证书
030310	刘丽	安全生产管理	2014—01—11	35	95	毕业	110120120
050001	陈龙	安全生产管理	2014—01—11	35	100	毕业	110119120

2．操作方法

在图 8.3 所示的培训管理窗口，选择"业务工作"→"人力资源"→"培训管理"→"培训资源"→"培训档案"选项，出现图 8.25 所示的培训档案窗口。

图 8.25　培训档案

在图 8.25 所示的培训档案窗口，单击"增加"按钮，出现图 8.26 所示的增加培训档案窗口，输入培训档案的信息。

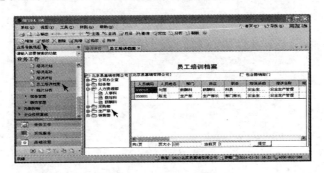

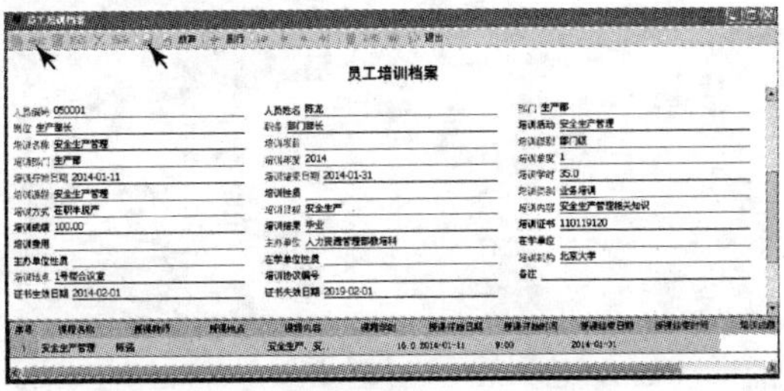

图 8.26　增加培训档案

在图 8.26 所示的增加培训档案窗口，输入并保存员工培训档案的信息后，返回到图 8.25 所示的培训档案窗口。

说明：参见表 8.9 输入培训档案的信息。

8.2.8　培训统计管理

根据设定条件，对培训资源、需求、计划、活动、评估、员工培训档案进行统计分析，例如，培训活动的参加人员、培训活动的费用、人均费用、得分情况等。

统计分析功能可以完成对员工培训情况的各种统计分析报表、培训申请表、培训名册等。具有固定报表、动态报表、综合分析的职能。

思 考 题

1. 人力资源培训通常包括哪些环节？
2. 培训管理模块提供了哪些管理的功能？
3. 说明培训管理模块完成的任务。
4. 说明培训管理业务操作的流程。
5. 培训管理涉及哪些数据表？每个数据表有哪些项目？
6. 培训管理的培训资源管理包括哪些方面？

第九章 薪资管理模块

薪资管理模块完成设置薪资管理参数、制定薪资标准、实施薪资调整和薪资发放、完成薪资数据计算汇总和查询等信息管理工作。本章介绍薪资管理工作要完成的任务,说明薪资管理工作的信息处理流程,详细介绍薪资管理模块的操作过程。

学习目标:
1. 了解薪资管理的基本业务,掌握薪资管理模块的处理流程。
2. 掌握薪资账套的操作方法。
3. 掌握设置薪资项目、薪资标准、薪资公式的操作方法。
4. 掌握薪资变动、薪资计算、薪资汇总的操作方法
5. 掌握薪资期末处理的过程。
6. 了解薪资统计及信息查询的操作方法。

9.1 薪资管理的概述

9.1.1 薪资管理的业务介绍

1. 薪资管理

薪资管理指企业根据企业的人力和财务情况,按照国家劳动法规和政策,对职工的薪资实行计划、测算和监督。薪资管理是企业管理的重要组成部分,薪资管理影响到企业的发展,涉及每一位员工的切身利益,具有激励机制的薪资方案,可以极大地调动广大干部、员工的工作积极性,有效地降低薪资成本,更好地提高企业的生产效率。

人力资源管理信息系统的薪资管理模块负责收集和加工薪资管理的信息,及时提供薪资计算、查询、报表等薪资信息加工的结果,为上级管理人员提供决策信息服务。

2. 薪资管理的业务工作

(1)制定薪资管理政策。

薪资管理是企业经营管理的重要部分,薪资管理人员根据企业的发展战略制定薪资政策和薪资管理的实施方案。

制定薪资管理政策是指制定人员的薪资构成、薪资分配方案、明确人员管理成本的分摊方案、适时出台人员薪资调整政策、定期产生薪资报表等工作。

(2)设置薪资管理参数。

企业需要结合薪资政策管理薪资账套、设置薪资构成参数。包括决定薪资发放的类别、薪资核算体系方案、设置薪资项目、确定薪资标准、设置各类人员的薪资管理体制。

(3)完成薪资调整的任务。

企业结合自身发展,为了更好地激励员工工作,企业需要适时调整员工薪资。为了完成薪资调整工作,薪资管理人员通过测算,为企业制定薪资调整的方案提供信息服务。为了完

成薪资调整工作,需要设置调整薪资的参数、实施调资计划、记录和分析历次调资档案。

(4) 完成薪资发放的工作。

薪资的发放和管理是一项繁杂的业务工作,涉及以下内容:

① 确认人员档案信息。需要保证员工的职称、职务、学历、入职时间、领取薪资的银行卡号等信息的真实准确性。

② 管理变动的薪资项目。员工的薪资项目会随时改变,薪资管理人员应当及时管理变动的薪资项目。

变动的薪资项目指缺勤、加班、扣款等项目,这些项目的数值会因人而异的发生变化。另外,由于晋升、降职、离退等原因,部分员工与职务有关的薪资项目的数值也会发生改变。所以,要确保薪资项目变化后及时更改有关数据。

③ 薪资发放的核算与账表的处理。薪资周期末要生成薪资表、薪资条、分款单、分摊表、银行薪资发放单等账表,以便查询和打印。

(5) 薪资信息统计。

薪资管理模块能够辅助人力资源管理部门的人员提供薪资信息,及时提供给上级主管进行薪资信息决策。

9.1.2 薪资管理的业务流程

1. 薪资管理的业务流程

人力资源管理信息系统的薪资管理业务流程:

(1) 制定薪资管理政策。

薪资管理人员根据企业制定的发展战略,制定薪资政策和薪资管理的方案。

(2) 制定薪资实施方案。

根据薪资管理的政策,制定企业的薪资结构方案、薪资结构构成。明确各类人员的薪资分配体制。输入薪资变动数据,完成薪资发放工作。生成薪资业务表格,完成薪资月末处理和财务凭证对接。

(3) 完成薪资调资的工作。

当企业调整薪资时,薪资管理人员设置调资参数,记录调资前后的各种档案,完成调资数据处理。

(4) 薪资信息统计报表存档。

薪资管理人员整理薪资信息,将薪资统计报表归档保存。

2. 薪资管理的操作流程

人力资源管理信息系统的薪资管理模块的操作流程:

(1) 管理薪资账套。

管理薪资账套主要完成以下环节的工作:

① 设置薪资类别个数。如果企业的薪资核算体系复杂,可以设置多个薪资核算类别。例如,可以设置行政管理人员薪资核算体系和生产人员薪资核算体系。

② 是否核算计件薪资。有些企业的薪资核算是按照计件方式计算薪资,可以按照计件方式进行薪资核算。

③ 是否扣税。可以根据管理的需要,设置是否代扣薪资所得税。

④ 是否扣零。可以根据管理的需要,设置是否扣零。

(2) 设置薪资参数。

① 设置薪资类别的参数。企业根据薪资核算的方式确定薪资类别的参数,可以增加、删除薪资类别。例如,可以设置行政管理人员薪资核算体系和生产人员薪资核算体系。根据需要也可以设置在职人员薪资核算体系和离退人员薪资核算体系。

② 设置薪资的发放次数。发放薪资提供了单次发放和多次发放两种需求,可以满足不同的管理需要。例如,有的企业月初发放在职人员的薪资、月中发放离退人员的薪资。

③ 设置薪资项目。薪资项目可以包括基本薪资、加班费、工龄薪资、职务薪资、交通补贴、住房公积金、保险、扣税、应发薪资、实发薪资等薪资项目。薪资项目有属性,例如有的薪资项目属于公式项、有的项目属于增项、有的项目属于减项。企业可以根据实际情况设置薪资项目的名称和属性。

④ 设置薪资项目的标准。薪资项目的标准是根据薪资属性的不同决定薪资项目的数值,例如,可以根据学历决定基本薪资的标准数值,根据职务决定职务薪资的标准数值,根据岗位决定岗位薪资的标准数值。

⑤ 设置薪资计算公式。薪资管理模块对于属性为公式的薪资项目可以设置公式。

⑥ 设置人员档案。设置人员档案是指设置人员的基本信息、薪资项数值、发放薪资的银行卡号等。

(3) 设置薪资调整。

企业可以根据经济效益情况为员工调整薪资。记录薪资调整前后的历史档案。例如,基本薪资在原有基础增加20%,职务薪资根据情况减少2%等。

设置薪资调整包括以下环节的工作:

① 调资设置。用于设置调资的标准和数据参数。

② 调资处理。用于计算产生新的调资结果。

③ 记录档案。用于记录历次调资的档案信息。

(4) 薪资业务处理。

薪资业务处理包括以下环节的工作:

① 薪资变动。用于设置变动的薪资数据,例如,缺勤天数、加班天数。为发放薪资提供基础数据。

② 薪资计算。按照系统内设置的公式,计算薪资的应发、实发等数值结果。

③ 银行代发。产生银行代发薪资的清单。为银行提供员工的银行卡号、姓名、人员编号、代发金额、录入时间等信息,以便银行将员工的薪资计入员工的银行卡。

④ 薪资分摊。根据财务处理的需要设置分摊薪资的财务账户。

⑤ 期末处理。期末薪资处理可以产生薪资的各种报表、统计结果等。

(5) 账表处理。

薪资业务数据加工后,可以产生各种薪资表格提供查询、打印、归档。

薪资管理的操作流程图,如图9.1所示。

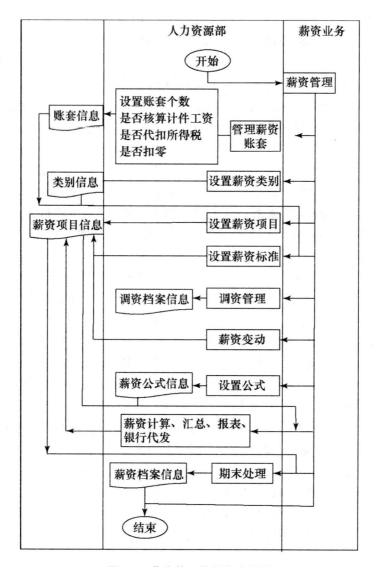

图 9.1 薪资管理的操作流程图

9.1.3 薪资管理的数据结构

1. 数据结构

薪资管理模块的数据结构用于保存与薪资管理有关的信息,信息以表格的形式保存。
薪资管理主要涉及以下数据表格管理:

(1) 薪资账套信息表包括薪资类别个数、是否核算计件薪资、是否扣税、是否扣零等数据项。

(2) 薪资标准信息表包括薪资类别名称、薪资标准目录名称、薪资标准、认定时间等数据项。

(3) 调资处理信息表包括薪资类别名称、薪资标准目录名称、批准日期、起始日期、变动原因、依据文件等数据项。

（4）调资档案信息表包括薪资类别名称、薪资标准目录名称、批准日期、起始日期、薪资项目、变动原因、件变动前数值、依据文件变动后数值等数据项。

（5）薪资项目信息表包括薪资类别名称、薪资项目名称、是否启用等数据项。

（6）薪资类别信息表包括薪资类别名称、部门名称、部门编码等数据项。

（7）薪资档案信息表包括薪资类别名称、员工代码、部门代码、职务代码、学历代码、薪资项目名称、薪资数值等数据项。

（8）薪资基本情况表包括人员编号、姓名、应发合计、扣款合计、实发合计、本月扣零、上月扣零、代扣税、计件薪资、代付税、年终奖、年终奖代扣税、年终奖代付税、薪资代扣税、扣税合计、薪资代付税、基本薪资、职务薪资、缺勤扣款、缺勤天数、签名、发放日期等数据项。

（9）银行代发信息表包括银行名称、发放日期、单位编号、姓名、人员编号、账号、金额、录入日期等数据项。

（10）个人所得税信息表包括序号、纳税义务人姓名、身份证照类型、身份证号码、国家与地区、职业编码、所得项目、所得期间、收入额、免税收入额、允许扣除的税费、费用扣除标准、准予扣除的捐赠额、应纳税所得额、税率、应扣税额、已扣税额、备注等数据项。

2．系统的主要职能

薪资管理模块为负责薪资管理业务的操作人员，提供了对薪资管理业务数据表的记录进行增加、修改、删除、查询、输出等操作。同时，薪资管理模块也提供了大量实时的信息统计、报表生成等操作，以便业务人员能够得到人力资源管理相关信息的统计结果并及时打印。

9.2 薪资管理模块的应用

本节介绍薪资管理模块的操作过程，说明设置薪资参数、薪资业务处理、薪资报表管理的操作方法。

9.2.1 登录系统

1．案例说明

北京易惠瑞有限公司人力资源部门薪资科，完成以下业务工作：

（1）负责管理薪资账套、设置薪资管理参数、设置薪资标准、实施薪资调整、完成薪资发放等信息管理工作。

（2）完成薪资业务管理工作。例如，薪资信息的查询、统计、报表处理。

薪资科的刘丽负责完成薪资管理工作。

2．登录系统

选择"开始"→"程序"→"用友 U8V10.0"→"系统服务"→"企业应用平台"选项，出现图9.2所示的"登录"窗口。

图 9.2 "登录"窗口

说明:本例以操作员 103(刘丽)的身份登录系统。该操作员具有薪资管理模块操作的权限。

在图 9.2 所示的"登录"窗口,输入"操作员"、"密码"、"账套"等信息,单击"登录"按钮,出现图 9.3 所示的薪资管理窗口。

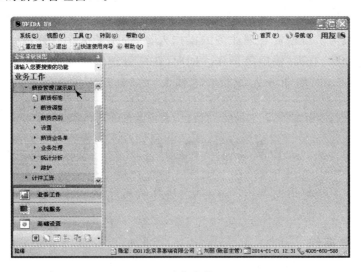

图 9.3 薪资管理

9.2.2 管理薪资账套

1. 薪资账套概述

薪资账套用于保存薪资数据。管理薪资账套的任务是设置薪资账套的参数,包括设置薪资类别个数、扣税设置、扣零设置、人员编码等。

说明:只有首次运行薪资管理模块时才执行管理薪资账套的操作,即管理薪资账套的操作只做一次。

2. 管理薪资账套的案例

【案例 9.1】 北京易惠瑞有限公司有行政管理人员薪资体系和生产部工人薪资体系。公司财务负责代扣薪资所得税,不做扣零处理。

3. 管理薪资账套

(1) 在图 9.3 所示的薪资管理窗口,选择"业务工作"→"人力资源"→"薪资管理"选项,出现图 9.4 所示的管理薪资账套—1 窗口。

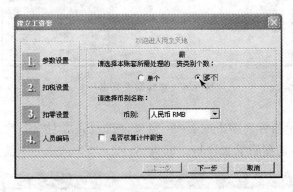

图 9.4　管理薪资账套—1

(2) 在图 9.4 所示的管理薪资账套—1 窗口,设置薪资类别个数,设置是否核算计件薪资,单击"下一步"按钮,出现图 9.5 所示的"管理薪资账套—2"窗口。

说明:按照【案例 9.1】的要求,需要勾选"多个"薪资类别个数,同时勾选"是否核算计件薪资"选项,如果企业薪资管理没有计件薪资管理,可以不必勾选此项。

(3) 在图 9.5 所示的管理薪资账套—2 窗口,勾选"是否从薪资中代扣个人所得税",单击"下一步"按钮,出现图 9.6 所示的管理薪资账套—3 窗口。

说明:按照【案例 9.1】的要求,需要勾选"是否从薪资中代扣个人所得税"选项。

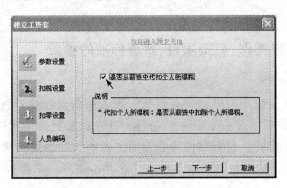

图 9.5　管理薪资账套—2

(4) 在图 9.6 所示的管理薪资账套—3 窗口,设置"请选择是否进行扣零处理",单击"下一步"按钮,出现图 9.7 所示的管理薪资账套—4 窗口。

说明:按照【案例 9.1】的要求,不需要勾选"扣零"选项。

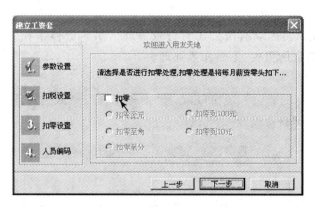

图9.6　管理薪资账套—3

（5）在图9.7所示的管理薪资账套—4窗口，单击"完成"按钮，完成管理薪资账套的任务，返回到图9.3所示的薪资管理窗口。

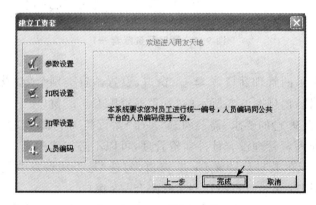

图9.7　管理薪资账套—4

9.2.3　设置薪资类别、薪资项目、薪资标准的参数

1. 案例说明

【案例9.2】　北京易惠瑞有限公司有行政管理人员薪资和生产部工人薪资两个管理体系。行政管理人员的薪资项目参见表9.1，每月1日发放薪资。生产部工人的薪资项目参见表9.2，每月15日发放薪资。薪资结构均分为固定薪资和变动薪资两部分，其中固定薪资分为基本薪资、职务薪资。基本薪资标准参见表9.3基本薪资—学历标准，职务薪资标准参见表9.4职务薪资标准。

表9.1　行政管理人员薪资项目表

序号	薪资项目	说明
1	基本薪资	设置取数公式，取自薪资基本情况表（表9.3）
2	职务薪资	设置取数公式，取自薪资基本情况表（表9.4）

续表

序号	薪资项目	说明
3	缺勤天数	缺勤天数,取自考勤管理模块或输入数据
4	缺勤扣款	缺勤天数*20元
5	应发薪资	系统公式,基本薪资+职务薪资-缺勤扣款
6	扣税合计	系统公式,根据应发薪资计算扣税合计
7	实发薪资	系统公式,应发薪资-扣税合计

表 9.2 生产部工人薪资项目表

序号	薪资项目	说明
1	基本薪资	设置取数公式,取自薪资基本情况表(表9.3)
2	职务薪资	设置取数公式,取自薪资基本情况表(表9.4)
3	缺勤天数	缺勤天数
4	缺勤扣款	缺勤天数*20元
5	应发薪资	系统公式,基本薪资+职务薪资-缺勤扣款
6	扣税合计	系统公式,根据应发薪资计算扣税合计
7	实发薪资	系统公式,应发薪资-扣税合计

表 9.3 基本薪资—学历标准

博士毕业	硕士毕业	本科	专科	技校毕业
4000	3500	3000	2500	2000

表 9.4 职务薪资标准

序号	岗位	基本薪资	序号	岗位	基本薪资
1	总经理	6000	7	科员	4500
2	副总经理	5800	8	总工程师	5800
3	部门部长	5500	9	高级工程师	5500
4	部门副部长	5300	10	工程师	5000
5	科长	5000	11	助理工程师	4500
6	副科长	4800	12	技术员	4000

2. 设置薪资类别

(1) 新建薪资类别。

企业根据管理的需要可以设置薪资类别,它们的薪资核算项目不同,发放薪资的日期不同。【案例9.2】北京易惠瑞有限公司有行政管理人员薪资和生产部工人薪资两个管理体系。

在图9.3所示的薪资管理窗口,选择"业务工作"→"人力资源"→"薪资管理"→"薪资类别"选项,出现图9.8所示的薪资类别设置窗口。

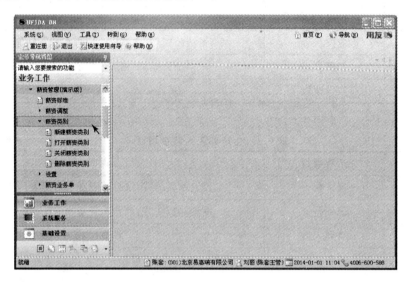

图9.8　薪资类别设置

在图9.8所示的薪资类别设置窗口,选择"新建薪资类别"选项,出现图9.9所示的新建薪资类别—1窗口。

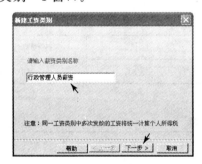 

图9.9　新建薪资类别—1　　　　　图9.10　新建薪资类别—2

在图9.9所示的新建薪资类别—1窗口,输入薪资类别名称,单击"下一步"按钮,出现图9.10所示的新建薪资类别—2窗口。在图9.10所示的新建薪资类别—2窗口,选择薪资类别涉及的部门,单击"完成"按钮,返回到图9.8所示的薪资类别设置窗口。

说明:本例建立了行政管理人员薪资类别,仿照上述操作建立生产部工人薪资类别。

(2)打开薪资类别。

日常处理薪资业务时,需要在图9.8所示的薪资类别设置窗口,选择"打开薪资类别"选项,出现图9.11所示的"打开薪资类别"窗口,选择打开的薪资类别名称后才能做有关薪资业务操作。

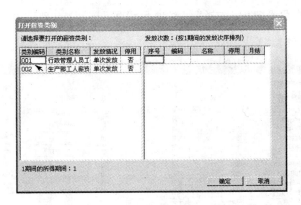

图 9.11 "打开薪资类别"窗口

(3) 删除薪资类别。

在图 9.8 所示的薪资类别设置窗口,选择"删除薪资类别"选项,出现图 9.11 所示的"打开薪资类别"窗口,选择需要删除的薪资类别名称后,所选薪资类别被删除。

3. 设置薪资项目

设置薪资项目用于设置薪资项目名称,包括设置全集薪资项目、各薪资类别的薪资项目。全集薪资项目是指薪资管理中所有类别的薪资都包含的薪资项目。

参见【案例 9.2】全集薪资项目包括基本薪资、职务薪资、缺勤天数、缺勤扣款、应发薪资、扣税合计、实发薪资等。参见表 9.1 行政管理人员薪资项目表包括基本薪资、职务薪资、缺勤天数、缺勤扣款、应发薪资、扣税合计、实发薪资等。参见表 9.2 生产部工人薪资项目表包括基本薪资、职务薪资、计件薪资、缺勤天数、缺勤扣款、应发薪资、扣税合计、实发薪资等。

(1) 设置全集薪资项目。

在图 9.3 所示的薪资管理窗口,选择"业务工作"→"人力资源"→"薪资管理"→"设置"→"薪资项目设置"选项,出现图 9.12 所示的设置窗口。

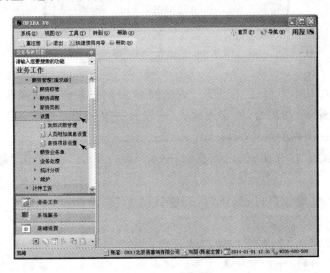

图 9.12 设置

在图 9.12 所示的设置窗口,选择"薪资项目设置"按钮,出现图 9.13 所示的"薪资项目设置"窗口。

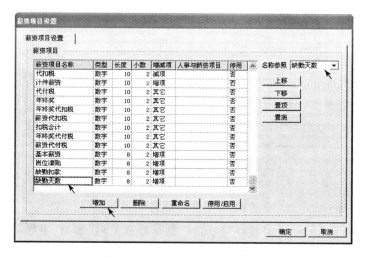

图 9.13 "薪资项目设置"窗口

在图 9.13 所示的"薪资项目设置"窗口,单击"增加"按钮,从"名称参照"列表选择薪资项目名称。在薪资项目名称,找到"岗位薪资",单击"重命名"按钮,出现图 9.14 所示的"重新命名"窗口,将岗位薪资换名为"职务薪资"。

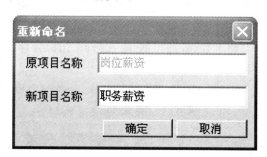

图 9.14 "重新命名"窗口

说明:本例增加基本薪资、岗位薪资(后来换名为职务薪资)、缺勤天数、缺勤扣款等项目,计件薪资、应发薪资、扣税合计、实发薪资、应发薪资等属于系统默认选项。

(2)设置各薪资类别的薪资项目。

在图 9.11 所示的"打开薪资类别"窗口,选择"薪资类别"后,单击"确定"按钮,出现图 9.12 所示的设置窗口。

在图 9.12 所示的设置窗口,选择"薪资项目设置"按钮,出现图 9.13 所示的"薪资项目设置"窗口。

说明:按照【案例 9.2】,要求增加行政管理人员薪资的基本薪资、职务薪资、缺勤天数、缺勤扣款等薪资项。增加生产部工人薪资的基本薪资、职务薪资、缺勤天数、缺勤扣款,计件薪资等薪资项。

(3) 设置薪资公式。

【案例 9.2】在薪资核算中,缺勤 1 天扣款 20 元,按照这个计算方法分别设置各类薪资类别的缺勤扣款公式项。参见本节"打开薪资类别"的内容介绍,打开薪资类别后完成设置薪资公式。

在图 9.3 所示的薪资管理窗口,选择"业务工作"→"人力资源"→"薪资管理"→"设置"→"薪资项目设置"选项,出现图 9.15 所示的"薪资项目设置"窗口。

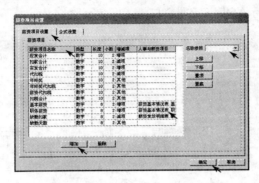

图 9.15 "薪资项目设置"窗口

在图 9.15 所示的"薪资项目设置"窗口,在"薪资项目"选择"缺勤扣款",单击右侧图标,出现图 9.16 所示"查询定义"窗口。图 9.16 所示"查询定义"窗口,单击右侧图标,出现图 9.17 所示"查询表达式"窗口。

图 9.16 "查询定义"窗口

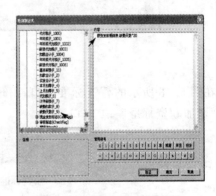

图 9.17 "查询表达式"窗口

在图 9.17 所示的"查询表达式"窗口,从左侧列表选择"缺勤天数",在"内容"编辑区输入公式"薪资发放明细表缺勤天数 * 20",设置完毕后,单击"验证"按钮,验证正确后,单击"确定"按钮,返回到图 9.16 所示的"查询定义"窗口。

说明:基本薪资设置成为薪资基本情况表.基本薪资、职务薪资设置成为薪资基本情况表.职务薪资、缺勤扣款设置成为"薪资发放明细表缺勤天数 * 20"。

4. 设置薪资标准
(1) 设置薪资标准概述。

设置薪资标准用于设置薪资项目的数值来源或数值结果。例如,设置基本薪资与人员的学历有关,职务薪资与人员的职务有关。通过设置薪资标准,计算机薪资管理模块根据员工档案的变化,自动同步更新薪酬薪资的数值。

(2) 设置薪资标准目录。

薪资目录是指薪资标准项目的名称。按照【案例9.2】,薪资目录包括基本薪资标准和职务薪资标准。

在图9.3所示的薪资管理窗口,选择"业务工作"→"人力资源"→"薪资管理"→"薪资标准"选项,出现图9.18所示的薪资标准窗口。

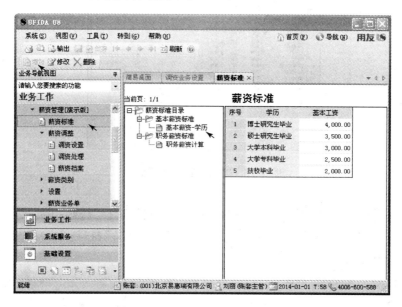

图9.18 薪资标准

在图9.18所示的薪资标准窗口,出现薪资标准目录,单击"增加"按钮,出现图9.19所示的"增加薪资标准"—1窗口。

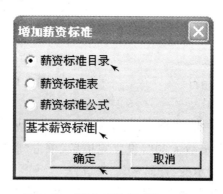

图9.19 "增加薪资标准"—1窗口

在图9.19所示的"增加薪资标准"—1窗口,单击"薪资标准目录"按钮,输入薪资标准目录的名称,单击"确定"按钮,返回到图9.18所示的薪资标准窗口。

说明：本例建立"基本薪资标准"。仿照上述操作过程设置职务薪资标准。

（3）设置薪资标准表。

在图9.18所示的薪资标准窗口，选择薪资标准目录，单击"增加"按钮，出现图9.20所示的"增加薪资标准"—2窗口。

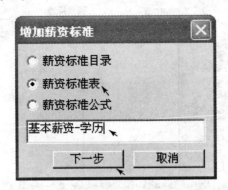

图9.20　"增加薪资标准"—2窗口

在图9.20所示的"增加薪资标准"—2窗口，单击"薪资标准表"按钮，输入薪资标准表的名称，本例输入"基本薪资—学历"，单击"下一步"按钮，出现图9.21所示的基本薪资—学历窗口。

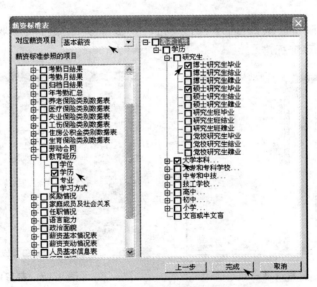

图9.21　基本薪资—学历

在图9.21所示的基本薪资—学历窗口，在"对应薪资项目"选择"基本薪资"，表示设置基本薪资；在"薪资标准参照的项目"选择"学历"，表示基本薪资与学历有关；在右侧勾选学历名称，表示设置与勾选的学历有关的基本薪资，单击"完成"按钮，出现图9.22所示的薪资标准—输入窗口，输入每一项薪资标准完成设置工作。

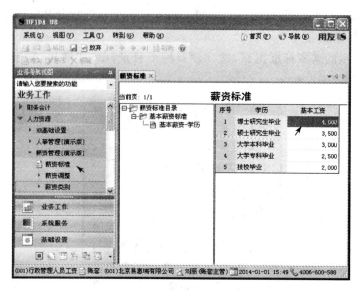

图 9.22 薪资标准—输入

在图 9.23 所示的薪资标准—1 窗口,在"对应薪资项目"选择"职务薪资",在右侧"参照项目"勾选薪资标准的名称,单击"完成"按钮,出现图 9.24 所示的薪资标准—2 窗口,输入每一项薪资标准。

说明:本例"对应薪资项目"选择"职务薪资","参照项目"选择"任职情况"→"职务"选项,设置职务薪资的薪资标准。

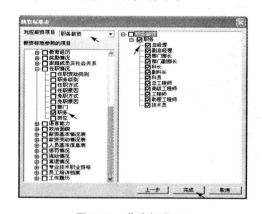

图 9.23 薪资标准—1

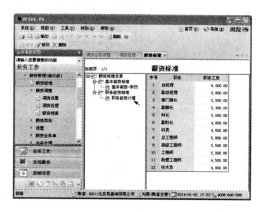

图 9.24 薪资标准—2

9.2.4 设置薪资调整

企业根据发展进行薪资调整,需要依次执行调资设置、执行调资、调资档案等操作。

【案例 9.3】 北京易惠瑞有限公司,2014 年 1 月起根据企业发展进行薪资调整,行政管理人员的薪资项目参见表 9.1 行政管理人员薪资项目表。生产部工人的薪资项目参见表 9.2 生产部工人薪资项目表。

1. 调资设置

在图 9.3 所示的薪资管理窗口,选择"业务工作"→"人力资源"→"薪资管理"→"薪资调整"→"调资设置"选项,选择"薪资数额调整",单击"增加"按钮,出现图 9.25 所示的调资设置—增加窗口。

在图 9.25 所示的调资设置—增加窗口,单击"下一步"按钮,出现图 9.26 所示的调资设置窗口。

图 9.25 调资设置—增加

图 9.26 调资设置

在图 9.26 所示的调资设置窗口,勾选"基本薪资"→"学历"选项,表示按照此标准调整薪资,单击"下一步"按钮,出现图 9.27 所示的"设置人员类别"窗口。

图 9.27 "设置人员类别"窗口

图 9.28 "选择人员档案项目"窗口

在图 9.27 所示的"设置人员类别"窗口,勾选"在职人员",表示设置"在职人员"的薪资。单击"下一步"按钮,出现图 9.28 所示的"选择人员档案项目"窗口。

在图 9.28 所示的"选择人员档案项目"窗口,勾选"教育经历",表示按照"教育经历"设置"在职人员"的薪资。单击"完成"按钮,返回到图 9.26 所示的调资设置窗口。

2. 调资处理

调资处理是按照调资设置的方案处理薪资项目的计算过程。

在图 9.3 所示的薪资管理窗口,选择"业务工作"→"人力资源"→"薪资管理"→"薪资调整"→"调资处理"选项,出现图 9.29 所示的调资处理窗口。

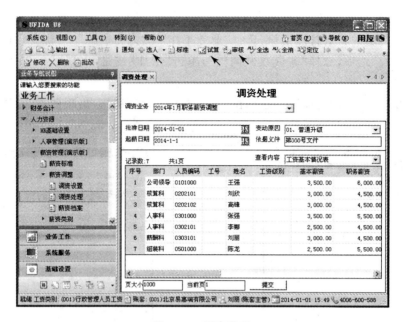

图 9.29 调资处理

在图 9.29 所示的调资处理窗口,选择"选人"→"类别选人"选项,出现图 9.30 所示的"类别选人"窗口。

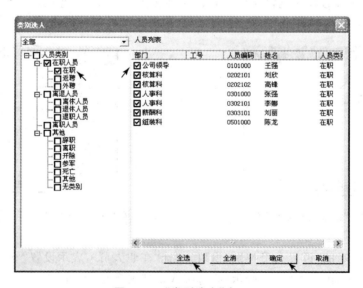

图 9.30 "类别选人"窗口

在图 9.30 所示的"类别选人"窗口,勾选相关选项,单击"确定"按钮,屏幕上出现人员信息,返回到图 9.29 所示的调资处理窗口。

在图 9.29 所示的调资处理窗口,选择"标准"选项,出现图 9.31 所示的"选择标准"窗口。

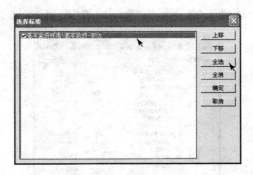

图 9.31 "选择标准"窗口

在图 9.31 所示的"选择标准"窗口,勾选相关选项,单击"确定"按钮,返回到图 9.29 所示的调资处理窗口。

在图 9.29 所示的调资处理窗口,可以做以下操作:
(1) 单击"全选"按钮,表示选择所有人员。
(2) 单击"试算"按钮,表示计算薪资数值。
(3) 单击"审核"按钮,表示数据计算入账,这个步骤很重要。

说明:通过上述操作完成了员工基本薪资、职务薪资的处理。

3. 调资处理

在图 9.3 所示的薪资管理窗口,选择"业务工作"→"人力资源"→"薪资管理"→"薪资调整"→"薪资档案"选项,出现图 9.32 所示的薪资档案窗口。

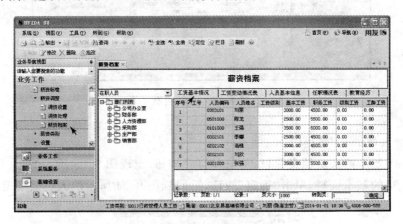

图 9.32 薪资档案

9.2.5 设置薪资管理的部门和人员档案

人员档案是指设置某个薪资类别的人员薪资档案。设置薪资管理的人员档案时,需要在图 9.11 所示的"打开薪资类别"窗口,选择打开的薪资类别名称后才能操作。

1. 部门设置

在图 9.3 所示的薪资管理窗口,选择"业务工作"→"人力资源"→"薪资管理"→"设置"→"部门设置"选项,出现图9.33所示的"部门设置"窗口,勾选本类薪资的部门。

图9.33 "部门设置"窗口

2. 设置人员档案

在图9.3所示的薪资管理窗口,选择"业务工作"→"人力资源"→"薪资管理"→"设置"→"人员档案"选项,出现图9.34所示的人员档案窗口。

图9.34 人员档案

(1) 增加人员的基本信息。

在图9.34所示的人员档案窗口,单击"增加"按钮,出现图9.35所示的"人员档案明细"窗口,输入人员的基本资料,单击"确定"按钮,返回到图9.34所示的人员档案窗口。

图9.35 "人员档案明细"窗口

(2) 批量增加人员的基本信息。

在图9.34所示的人员档案窗口，单击"批增"按钮，出现图9.36所示的"人员批量增加"窗口。

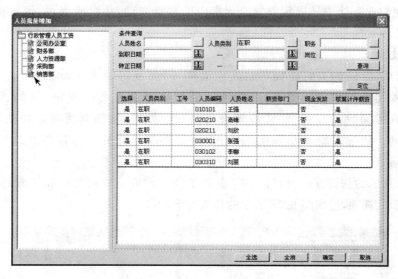

图9.36 "人员批量增加"窗口

在图9.36所示的"人员批量增加"窗口，勾选有关部门，单击"查询"按钮，出现人员名单，单击"全选"按钮，选择所有员工，单击"确定"按钮，返回到图9.34所示的人员档案窗口。

(3) 修改人员的基本信息。

在图9.35所示"人员档案明细"窗口，输入人员领薪资的银行名称和银行账号。单击"数据档案"按钮，出现图9.37所示的"薪资数据录入—页编辑"窗口，设置数据档案信息。

在图9.37所示"薪资数据录入—页编辑"窗口，输入人员薪资信息。单击"保存"按钮，返回到图9.35所示的"人员档案明细"窗口。

图9.37 "薪资数据录入—页编辑"窗口

9.2.6 业务处理

1. 业务处理概述

薪资管理的业务处理是指薪资发放周期内的薪资变动、扣缴所得税、银行代发、月末结账等工作的处理。

2. 薪资变动

薪资变动职能是员工的薪资项目发生改变,需要及时输入变动的数值。例如,奖金发放需要输入奖金的数值。另外,有些薪资项的数值来自其他模块,例如,可以从考勤管理模块获取考勤数据、从计件管理模块获取计件数据、从福利管理模块获取与薪资有关的福利数据。通过薪资变动职能的操作,可以重新计算员工的薪资汇总结果、扣税数额等数据结果。

在图9.3所示的薪资管理窗口,选择"业务工作"→"人力资源"→"薪资管理"→"业务处理"→"薪资变动"选项,出现图9.38所示的薪资变动窗口。

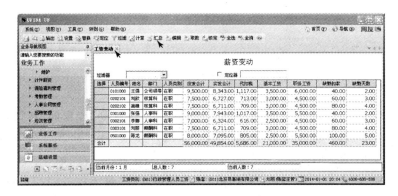

图 9.38 薪资变动

在图9.38所示的薪资变动窗口,可以做以下操作:

(1) 根据实际情况输入变动项的薪资数值。例如,输入缺勤天数。

(2) 单击"计算"按钮,计算机自动按照公式计算相关薪资项的数值。例如,输入缺勤天数后,计算机自动计算缺勤扣款。

(3) 单击"汇总"按钮,计算机自动产生汇总结果。

(4) 单击"取数"按钮,计算机自动从其他模块取数,获得薪资数值。

(5) 单击"输出"按钮,薪资数据可以另存为 Excel 格式的文件。

3. 扣缴所得税

扣缴所得税是根据国家规定,由计算机根据员工的薪资项目汇总结果,计算扣缴所得税的管理工作。扣缴所得税职能将得到个人所得税年度申报表、个人信息登记表、扣缴个人所得税报表、扣缴汇总报告表。

在图9.3所示的薪资管理窗口,选择"业务工作"→"人力资源"→"薪资管理"→"业务处理"→"扣缴所得税"选项,出现图9.39所示的"个人所得税申报模板"窗口。

图 9.39 "个人所得税申报模板"窗口

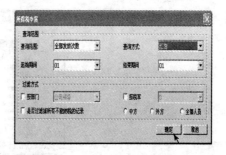

图 9.40 "所得税申报"窗口

在图 9.39 所示的"个人所得税申报模板"窗口,选择"扣缴个人所得税报表"选项,单击"打开"按钮,出现图 9.40 所示的"所得税申报"窗口。

在图 9.40 所示的"所得税申报"窗口,单击"确定"按钮,出现图 9.41 所示的所得税申报—结果窗口。

图 9.41 所得税申报—结果

在图 9.41 所示的所得税申报—结果窗口,可以做以下操作:
(1) 单击"税率"按钮,能够查看、设置税率。
(2) 单击"邮件"按钮,能够为员工发送扣缴个人所得税报表。
(3) 单击"输出"按钮,员工个人所得税报表数据可以另存为 Excel 格式的文件。

4. 银行代发

银行代发薪资需要按照以下流程办理:
(1) 企业向银行提出申请代发薪资申请,与银行签订代发薪资协议。企业向银行提供代发员工的开户人的有效身份证件,企业对开户员工薪资的真实性负责。
(2) 银行接受委托后,按委托单位提供的信息,为员工开立个人结算账户,建立代发关系。
(3) 企业定期将薪资表通过银行提供的工具转换成代发薪资文件,通过企业网上银行上传银行主机或人工上报文件给银行,由银行按照员工的卡号付款,完成薪资代发工作。

在图 9.3 所示的薪资管理窗口,选择"业务工作"→"人力资源"→"薪资管理"→"业务处理"→"银行代发"选项,出现图 9.42 所示的"请选择部门范围"窗口。

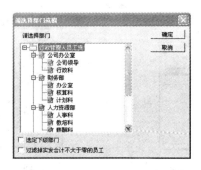

图 9.42 "请选择部门范围"窗口

在图 9.42 所示的"请选择部门范围"窗口,选择部门选项,单击"确定"按钮,出现图 9.43 所示的银行代发一览表窗口。

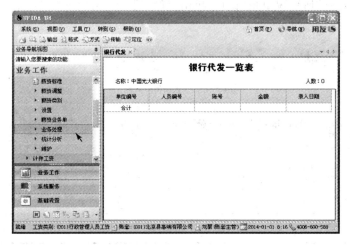

图 9.43 银行代发一览表

在图 9.43 所示的银行代发一览表窗口,可以单击"格式"按钮,出现图 9.44 所示的"银行文件格式设置"窗口。

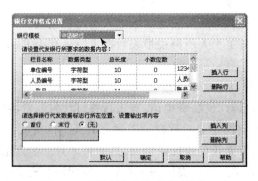

图 9.44 "银行文件格式设置"窗口

在图 9.44 所示的"银行文件格式设置"窗口,可以选择打发薪资的银行名称、设置上报表格格式。单击"插入行"按钮,可以插入上报的数据。例如,在"单位编号"后,插入人员姓名,上报的报表将出现人员姓名的信息。单击"确定"按钮,出现图 9.45 所示的银行代发一览表—结果窗口。

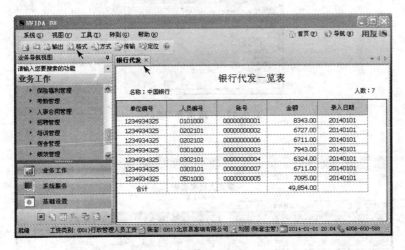

图 9.45　银行代发一览表—结果

在图 9.45 所示的银行代发一览表—结果窗口,单击"方式"按钮,确定上报的数据格式。单击"传输"按钮,文件被导出。通过上述操作产生银行代发薪资一览表。

5. 月末结账

月末结账是指经过各种计算、汇总,将薪资信息存档进入下一个账套周期前的最后一项工作。

在图 9.3 所示的薪资管理窗口,选择"业务工作"→"人力资源"→"薪资管理"→"业务处理"→"月末结账"选项,出现图 9.46 所示的"月末处理"窗口,系统显示了月末结账的职能和注意事项,单击"确定"按钮,执行月末结账数据处理。

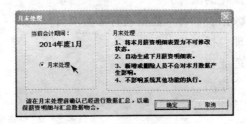

图 9.46　"月末处理"窗口

9.2.7　统计分析

1. 统计分析概述

薪资管理的统计分析是指对薪资账表、凭证的处理工作。可以产生薪资表、薪资条、签名表、部门汇总表等,这些结果有助于管理人员进行信息分析和管理决策。

2. 账表处理

在图 9.3 所示的薪资管理窗口,选择"业务工作"→"人力资源"→"薪资管理"→"统计分析"→"账表"→"薪资表"选项,出现图 9.47 所示的"薪资表"窗口,例如,选择表格名称"薪资发放签名表"后,单击"查看"按钮,出现图 9.48 所示的"薪资发放签名表"窗口查看数据。

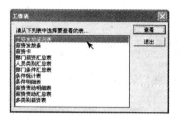

图 9.47 "薪资表"窗口

图 9.48 "薪资发放签名表"窗口

思 考 题

1. 说明薪资管理模块完成的任务。
2. 说明薪资管理业务操作的流程。
3. 薪资管理涉及哪些数据表?每个数据表有哪些项目?
4. 薪资管理的账务处理包括哪些方面?
5. 说明薪资调整的处理流程。
6. 说明薪资变动职能的作用。
7. 银行代发薪资流程是什么?
8. 月末结账的职能是什么?
9. 统计分析职能的作用是什么?可以产生哪些表格成果?

第十章 保险福利管理模块

保险福利管理模块完成设置保险福利管理参数、制定保险福利标准、实施保险福利缴存、完成保险福利数据计算汇总和查询等信息管理工作。本章介绍保险福利管理工作要完成的任务,说明保险福利管理工作的信息处理流程,详细介绍保险福利管理模块的操作过程。

学习目标:
1. 了解福利管理的基本业务,掌握福利管理模块的处理流程。
2. 掌握设置福利保险项目、福利保险标准、计算福利保险的操作方法。
3. 掌握福利保险变动、福利保险汇总的操作方法。
4. 掌握福利期末处理的过程。
5. 了解福利统计及信息查询的操作方法。

10.1 保险福利管理的概述

10.1.1 保险福利管理的业务介绍

1. 保险福利管理

福利是总体薪酬的一部分,包括带薪休假、法定保险、补充性企业保险以及为员工个人及家庭提供的服务等,其目的是为了保障和提高员工及其家属的生活水平。

保险福利管理模块主要满足对法定基本社会保险和住房公积金的管理,包括基本养老保险、基本医疗保险、失业保险、工伤保险、住房公积金等,也包括单位内部为职工设立的福利性质的积金,例如补充养老保险、补充医疗保险等。

人力资源管理信息系统的保险福利管理模块主要负责收集和加工保险福利管理的信息,及时提供保险福利计算、查询、报表等保险福利信息加工的结果,为上级管理人员提供决策信息服务。

2. 保险福利管理的主要业务工作

(1) 制定保险福利管理政策。

保险福利管理是企业信息管理的重要部分,企业管理人员根据国家法规并且结合企业发展战略制定保险福利政策和保险福利管理的实施方案,完善的保险福利政策能够为企业的发展起到推动作用。

制定保险福利管理政策主要完成的任务包括制定人员的保险福利分配方案、明确人员管理成本的分摊方案、适时出台人员保险福利调整政策等。

(2) 设置保险福利管理参数。

企业的保险福利管理需要设置保险福利管理参数。企业需要结合保险福利政策,设置保险福利项目、保险福利标准。设置保险福利管理参数,主要工作包括:

① 建立企业管理的福利方案。

② 增减企业参加的福利项目。
③ 定义各福利类别的个人账户项目、缴费项目。
④ 设置各保险福利方案的参数,例如,参保人员范围、基数核定方法、基数精度及基数上下限、比例公式、个人或单位缴费金额等项目的计算公式。

(3) 完成保险福利管理的日常业务工作。

保险福利的缴存和管理是一项繁杂的业务工作,涉及以下内容:
① 确认人员档案,例如,人员档案信息、入职时间、保险福利信息的真实准确性。
② 更新保险福利项目,当保险福利项目名称改变后,要确保保险福利信息及时更改。
③ 保险福利缴存的核算与账表的加工和处理。

具体的工作包括:
④ 为新参保人员开户包括确定缴费基数、缴费比例,记录增减原因。
⑤ 为离职员工办理个人账户销户、转出、封存、停止缴纳福利费用。
⑥ 为员工进行福利计提、福利缓缴、计提转正常等。
⑦ 根据社保中心、公积金中心的规定,定期调整员工的缴费基数。
⑧ 每月计算员工、单位各自应缴纳的福利费用。
⑨ 计算补缴福利费用。
⑩ 福利费用分摊、计提、转账,并将生成的凭证传递到总账系统。

(4) 保险福利信息统计。

应用人力资源管理信息系统能够辅助管理人员快速地提供人力资源信息,及时进行管理决策。所以,人力资源管理部门的人员定期提供各类保险福利的统计信息。

(5) 管理和执行有关文件,按照年度各项社会保险缴费薪资基数和缴费金额的通知要求执行保险积金的提取和上缴。以北京市城市职工社会保险缴费为例,2018 年北京市社会保险缴费比例如表 10.1 所示。

表 10.1 2018 年北京市社会保险缴费比例一览表

	养老保险	失业保险	工伤保险	生育保险	基本医疗保险	
					基本医疗	大额互助
单位	19%	0.8%	根据行业	0.8%	9%	1%
个人	8%	0.2%	0%	0%	2%	3 元

10.1.2 保险福利管理模块的操作流程

人力资源管理信息系统的保险福利管理模块的操作流程:

(1) 设置保险福利管理模块的运行参数。
① 设置保险福利项目。企业可以根据实际情况设置保险福利项目的名称和属性。设置保险福利计算公式、设置保险福利调整比例。
② 建立保险福利档案。用于记录历次保险福利缴存的档案信息。

(2) 保险福利业务处理。
① 保险福利变动。用于设置变动的保险福利数据,为保险福利缴存提供基础数据。例如,员工调入、调出,因此需要在此设置。
② 期末处理。期末保险福利处理可以产生各种报表、统计结果等。

(3) 账表处理。

保险福利业务数据加工后,可以产生各种保险福利表格提供查询、打印、归档。

保险福利管理模块的操作流程,如图 10.1 所示。

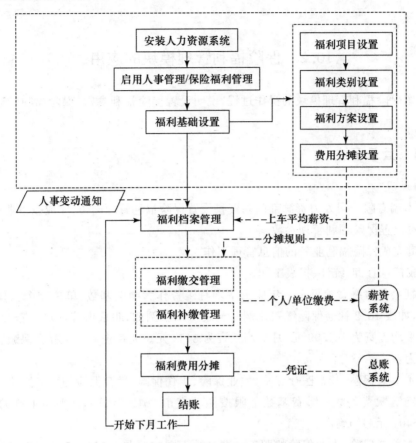

图 10.1 保险福利管理模块操作流程

10.1.3 保险福利管理的数据结构

1. 数据结构

保险福利管理模块的数据结构用于保存与保险福利管理有关的信息,信息以表格的形式保存。保险福利管理主要涉及以下数据表格管理:

(1) 福利档案表保存员工的福利档案信息,包括人员编码、工号、人员姓名、福利部门、人员类别、身份证号、福利地区、基数核定方法、账户状态、缴费基数、个人缴费比例%、单位缴费比例%、缴费基数等数据项。

(2) 社会保险表保存员工的社会保险信息,包括人员编码、工号、人员姓名、福利部门、人员类别、身份证号、福利地区、基数核定方法、账户状态、缴费基数、个人缴费比例%、单位缴费比例%、个人缴费金额、单位缴费金额等数据项。

(3) 费用分摊表保存费用分摊的信息,包括人员编码、工号、人员姓名、类别名称、部门名称、分配金额、借方科目、贷方科目等数据项。

2. 系统的主要职能

保险福利管理模块为负责保险福利管理业务的操作人员,提供了对保险福利管理业务数据表的记录进行增加、修改、删除、查询、输出等操作。同时,保险福利管理模块也提供了大量实时的信息统计、报表生成等操作,以便业务人员能够得到人力资源管理相关信息的统计结果并及时打印。

10.2 保险福利管理模块的应用

本节介绍保险福利管理模块的操作过程,说明设置保险福利参数、保险福利管理业务的操作方法。

10.2.1 登录系统

1. 案例说明

北京易惠瑞有限公司人力资源部门薪资科设置保险福利管理岗位,完成以下业务工作:
(1) 负责设置保险福利管理参数。
(2) 负责完成保险福利业务的信息管理工作。
(3) 完成信息查询、统计、报表工作。

北京市社会保险缴费参见上一年职工平均月工资作为缴费基数,单位和个人按照对应比例进行缴费,如表10.2 社会保险缴费比例一览表所示。例如,北京市统计局公布2017年度北京市职工年平均工资为101599元,月平均工资为8467元。北京企业职工社会保缴费基数上限及下限设定为:

参加基本养老保险、基本医疗保险、失业保险、工伤保险、生育保险的职工按照本人上一年月平均工资确定缴费基数。缴费基数上限按照北京市2017年职工月平均工资的300%(即8467*3=25401元/月)确定。

参加基本养老保险、失业保险的职工缴费基数下限按照北京市2017年职工月平均工资的40%(即8467*0.4=3387元/月)确定;

参加基本医疗保险、工伤保险、生育保险的职工,缴费基数下限按照北京市2017年职工月平均工资的60%(即8467*0.6=5080元/月)确定。

表10.2 社会保险缴费比例一览表

参缴险种	缴费工资基数		缴费比例		最低缴费金额		最高缴费金额	
	下限	上限	单位	个人	单位	个人	单位	个人
养老保险	3387	25401	19%	8%	643.53	270.96	4826.19	2032.08
失业保险	3387	25401	0.80%	0.20%	27.096	6.774	203.208	50.802
工伤保险	5080	25401	根据行业	0%	根据行业	0	根据行业	0
生育保险	5080	25401	0.80%	0%	40.64	0	203.208	0
医疗保险	5080	25401	10.00%	2%	508	101.6	2540.1	508.02
补充大病	个人负担3元		0.00%	3	0	3	0	3
合计			30.6%	10.2%	1219.27	379.33	7772.71	2593.90

为了将保险福利分摊,可以将企业的员工分为管理人员和生产人员两类,如表10.3 公司社会保险缴费表所示。

表 10.3 公司社会保险缴费表

人员类别	人数	个人缴费合计	单位缴费合计
管理人员数	55	20861.5	67059.85
生产人员数	95	36033.5	115830.65
合计	150	56895	182890.5

说明：企业可以按照表 10.2 所示的最低缴费基数为员工上缴社保费用，标准为个人应缴额 279.33 元，单位应缴税额 1219.27 元。例如，某公司总人数 150 人，管理人员 55 人，生产人员 95 人。按照最低缴费基数上缴社保费用，累计个人缴费 56895 元，单位缴费 182890.5 元。未来将按照职工实际收入上缴社保费用。

人力资源管理部薪酬科的 102（李娜）负责完成保险福利管理工作。本章案例主要介绍保险福利模块设置、保险福利比例设置、保险福利分摊、保险福利开户、保险福利缴费金额计算、保险福利凭证制单、保险福利期末处理的有关环节。

2. 登录系统

选择"开始"→"程序"→"用友 U8V10.0"→"系统服务"→"企业应用平台"选项，出现图 10.2 所示的"登录"窗口。

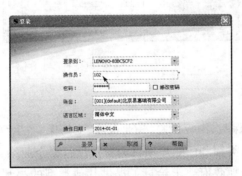

图 10.2 "登录"窗口

说明：本例以操作员 102（李娜）的身份登录系统。该操作员具有保险福利管理模块操作的权限。

在图 10.2 所示的"登录"窗口，输入"操作员"、"密码"、"账套"等信息，单击"登录"按钮，出现图 10.3 所示的保险福利管理窗口。

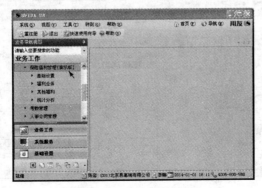

图 10.3 保险福利管理

10.2.2 基础设置

基础设置用于设置保险福利模块的应用参数,包括福利项目设置、福利类别设置、福利方案设置、分摊类型设置等工作。

1. 福利项目设置

由于各地的福利档案项目、缴费项目都不相同,所以系统提供了项目设置功能,可以增加、修改福利项目及其属性。

在图10.3所示的保险福利管理窗口,选择"基础设置"→"福利项目设置"选项,出现图10.4所示的福利项目设置窗口,可以增加、修改福利项目。

图 10.4 福利项目设置

2. 福利类别设置

由于系统预置了养老保险、医疗保险、失业保险、工伤保险、生育保险等五类社会保险和住房公积金,并预置了上述各类福利的账户项目和缴费项目。企业结合自身的发展,除了上述五险一金外,企业也可以按当地政府要求给员工提供其他类型的福利,如补充医疗保险、补充养老保险、商业保险等。可以通过福利类别设置功能增加新的福利类别。

【案例 10.1】 北京易惠瑞有限公司为每个员工增加"补充医疗保险"。

在图10.3所示的保险福利管理窗口,选择"基础设置"→"福利类别设置"选项,出现图10.5所示的福利类别设置窗口,可以增加、修改福利类别。

图 10.5 福利类别设置

在图 10.5 所示的福利类别设置窗口,单击"增加"按钮,在"类别名称"位置输入新增加的福利类别的名称。

说明:上述介绍了增加"补充医疗保险"的过程,通过这个介绍说明企业可以结合自身的发展为员工提供其他福利和保险项目。

3. 福利方案设置

福利方案方便福利业务的管理,将适用特定群体或由特定机构管理的一个或多个福利类别组合为一个福利方案,统一管理。设置人员所在的地区或户籍所在地区的保险福利单位和个人缴费比例。

福利方案设置是本章后续"福利业务"→"福利缴费"操作的基础。

【案例 10.2】 参见表 10.2 设置北京易惠瑞有限公司设置福利保险的个人和单位缴费比例。

在图 10.3 所示的保险福利管理窗口,选择"基础设置"→"福利方案设置"选项,出现图 10.6 所示的福利方案窗口,可以增加、修改福利方案。

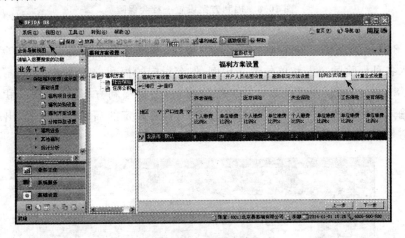

图 10.6　福利方案

本例采用默认的福利方案设置,在图 10.6 所示的福利方案窗口,单击"修改"→"增行"按钮,出现图 10.7 所示的"选择地区"窗口。

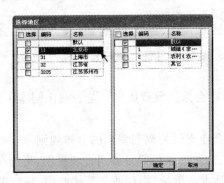

图 10.7　"选择地区"窗口

在图 10.7 所示的"选择地区"窗口,勾选地区和户口性质选项,单击"确定"按钮,出现图 10.8 所示的福利方案设置—社会保险窗口。

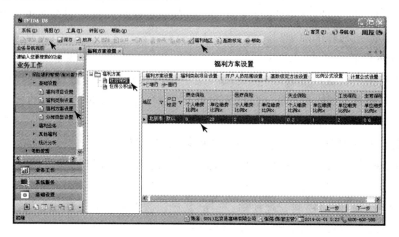

图 10.8 福利方案设置—社会保险

在图 10.8 所示的福利方案设置—社会保险窗口,选择福利方案为"社会保险"的"比例公式设置",输入各种保险的个人和单位缴交比例,保存设定的福利方案设置。

在图 10.8 所示的福利方案设置—社会保险窗口,选择福利方案为"住房公积金"的"比例公式设置",输入住房公积金的个人和单位缴交比例,保存设定的福利方案设置,出现如图 10.9 所示的福利方案设置—住房公积金窗口。

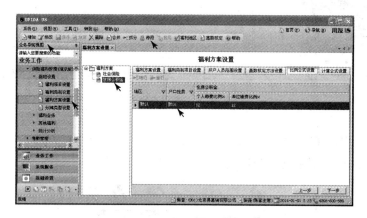

图 10.9 福利方案设置—住房公积金

说明:参见表 10.2 按照社会保险缴费比例一览表的比例输入有关参数。

4. 分摊类型设置

分摊类型设置用于设置企业支付的福利费用的分摊规则。

例如,将为管理部门员工支付的福利费分摊到管理费用,将为车间工人支付的福利费分摊到生产成本。分摊类型设置是本章后续"福利业务"→"费用分摊"操作的基础。

说明:保险福利模块与薪酬管理模块和财务的薪资管理模块配合使用。

【案例 10.3】 参见表 10.2、表 10.3,北京易惠瑞有限公司五险一金分摊如表 10.4 所示。

表 10.4　五险一金分摊

人员性质	人数	承担类别	承担金额	累计金额	分摊项目
管理人员	55	个人承担	279.33	20861.5	借方：管理费用 贷方：其它应收款－代扣社保费
		单位承担	1219.27	67059.85	借方：管理费用 贷方：应付职工薪酬－社保费
生产人员	95	个人承担	279.33	36033.6	借方：生产成本 贷方：其它应收款－代扣社保费
		单位承担	1219.27	115830.65	借方：生产成本 贷方：应付职工薪酬－社保费

在图 10.3 所示的保险福利管理窗口，选择"基础设置"→"分摊类型设置"选项，出现图 10.10 所示的分摊类型设置窗口，可以增加、修改分摊类型。

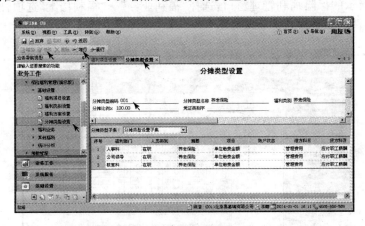

图 10.10　分摊类型设置

在图 10.10 所示的分摊类型设置窗口，选择一个分摊类型名称后，单击"修改"按钮，表示设置所选类型名称的分摊，单击"增行"按钮，设定福利部门、人员类别、摘要、项目、借方科目、贷方科目完成分摊设置。

说明：福利分摊按照福利类别和部门分别设置分摊。

10.2.3　福利业务

福利业务包括福利档案、福利缴交、福利补缴、费用分摊、凭证查询、期末处理等管理环节。

1. 福利档案管理

（1）个人福利档案管理概述。

福利档案管理用于管理职工的保险福利缴存账户，包括福利开户、销户、封存、启封、转移、计提等业务。

① 开户：本单位职工新参加保险，或将基金账户从原单位转入到本单位。

② 封存：封存账户就是被封存的账户从被封存的当月开始不再参与基金的每月计提缴存，但基金账户仍然保存。

③ 启封：启封账户就是把被封存的账户重新开始使用，启封的账户从被启封的当月开始重新参与基金的每月计提缴存。

④ 销户：销户的账户从被销户的当月开始停止参与基金的每月计提缴存，但被销户账户的历史数据必须保存，不能删除。

⑤ 转出：职工从本单位离开后，可以将基金账户从原单位迁到新的单位，转出的当月开始停止参与基金的每月计提缴存。

⑥ 计提：员工入职后由于个人或其他原因未正常向社保中心缴交福利费用，但企业按月计算缴交金额计提福利费用，员工此时账户为计提状态。

（2）福利档案开户。

【案例 10.4】 北京易惠瑞有限公司人力资源部，员工个人的福利项目参见表 10.2，为员工开立五险一金账户。

在图 10.3 所示的保险福利管理窗口，选择"福利业务"→"福利档案"选项，出现图 10.11 所示的福利档案—社会保险窗口。

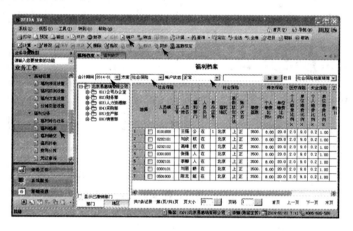

图 10.11 福利档案—社会保险

在图 10.11 所示的福利档案—社会保险窗口，单击"开户"按钮，出现图 10.12 所示的"福利开户"窗口。

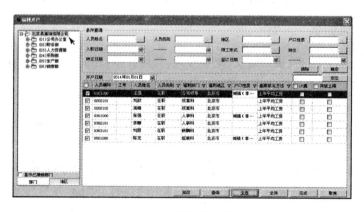

图 10.12 "福利开户"窗口

① 选择开户人员。

在图 10.12 所示的"福利开户"窗口,选择开户人员,单击"完成"按钮,返回到图 10.11 所示的福利档案—社会保险窗口,操作过程如下:

人员列表:系统自动显示符合条件(福利方案设置中定义)的未参加过该方案下任何福利类别的员工列表。可直接单击左侧部门树中的一个部门,则只显示该部门未参加该福利方案的员工。

可按人员编码、人员类别、福利地区、户口性质、用工形式、岗位、入职日期、转正日期、合同签订日期查询,输入查询条件后,单击"确定"按钮,返回当前所选部门符合条件人员。单击"清除"按钮,清空当前界面的所有查询条件。

定位:支持按照人员编码、人员姓名定位查询,在内容框中输入快速定位条件,单击"定位"按钮,光标定位在符合条件的第一条;再次单击"定位"按钮,光标定位在符合条件的第二条,依次类推。

批改:可批量修改人员开户信息,包括:福利部门、福利地区、基数核定方法、是否计提、是否允许突破上限。

选择要参加该福利的人员:勾选需开户人员数据,或者单击"全选"、"全消"按钮,选择全部记录或取消选择记录。对于选中的员工,如果福利部门为空,需要手工输入。可以选择多个员工执行批量开户操作。

设置已选人员的相关属性:福利部门、基数核定方法、是否计提、是否允许突破上限等。

单击"确定"按钮,系统自动根据福利方案的属性生成员工的个人账户信息,并根据账户信息生成当月的缴费记录。

② 设置参数。

在图 10.11 所示的福利档案—社会保险窗口,选择人员所在的福利地区,单击"批改"按钮,出现图 10.13 所示的批改—福利地区窗口。

在图 10.13 所示的批改—福利地区窗口,设定值后,单击"确定"按钮,返回到图 10.11 所示的福利档案—社会保险窗口。

说明:如图 10.14 所示的批改—社会保险缴费基数窗口,设置社会保险的缴费基数为 3500 元。

说明:如图 10.15 所示的批改—住房公积金缴费基数窗口,设置住房公积金的缴费基数为 3500 元。

③ 数据同步。

由于人员档案信息更新或进行人事关系变动会导致人事档案信息发生变化,通过"同步"功能,将人员的人员类别、证件号码、社会保障号、福利地区、户口性质、福利部门自动更新。

- 人员类别:同步人员档案的"人员类别"到当前福利方案的"人员类别"方案项目。
- 证件号码:同步人员档案的"证件号码"到当前福利方案的"身份证号"方案项目。
- 社会保障号:同步人员档案的"社会保障号"到当前福利方案的"社会保障号"方案项目。
- 福利地区:同步人员档案的"福利地区"到当前福利方案的"福利地区"方案项目。
- 户口性质:同步人员档案的"户口性质"到当前福利方案的"户口性质"方案项目。

● 福利部门：同步人员档案的"行政部门"到当前福利方案的"福利部门"方案项目。

在图10.11所示的福利档案—社会保险窗口，单击"同步"按钮，出现图10.16所示的福利档案同步窗口，可以按照福利地区、户口性质等进行数据同步。单击"确定"按钮，返回图10.11所示的福利档案—社会保险窗口。

图 10.13　批改—福利地区

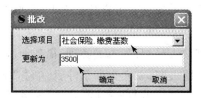

图 10.14　批改—社会保险缴费基数

图 10.15　批改—住房公积金缴费基数

图 10.16　福利档案同步

④ 核定缴费基数。

养老保险、医疗保险、失业保险、工伤保险、生育保险以及住房公积金的缴费基数一般都依据职工上年月平均薪资核定，新员工如没有上一年的薪资数据，也可以依据当年某月的薪资来核定。不同计算规则可通过不同基数核定方法实现。缴费基数一年调整一次，社保中心、公积金中心规定的缴费基数调整时间可能不一致。

在图10.12所示的"福利开户"窗口，选择开户人员，单击"计算"按钮，得到开户人员各种福利的个人和单位上缴比例。操作步骤如下：

● 进入福利档案管理，选择要调整缴费基数的福利方案。单击"基数核定"按钮，进入基数核定界面。

● 选中要重新计算缴费基数的个人账户，可以通过单击"全选"按钮或勾选列，选择多个账户记录。

● 单击"计算选择行"按钮，确认后将根据员工个人的基数核定方法重新计算当前选择的个人账户的缴费基数。也可以单击"计算全部"按钮，重新计算当前方案的缴费基数。

● 已锁定的人员账户不允许编辑基数，选择需锁定人员，单击"锁定"按钮，确认后所选人员账户状态为锁定。

● 如需修改已锁定人员账户，应解锁该人员，选择锁定人员，单击"解锁"，确认后所选人员账户状态为解锁。

● 基数核定完成后，单击"返回"，回到福利档案界面。

说明：已锁定的个人账户不参与福利基数计算，不允许修改基数核定方法，如果比例、金额、其他型项目的数据来源设置为公式计算，则在福利档案模块、福利缴交或福利补缴模块不能直接修改该项目的数据，只能通过公式自动计算。

说明：同理，参见上述操作过程设置住房公积金账户的福利地区、缴费基数和数据同步。结果出现图 10.17 所示的福利档案—住房公积金窗口。

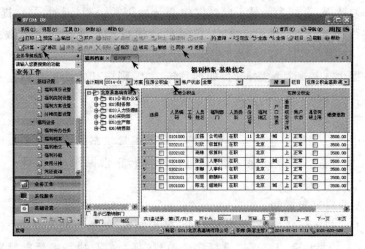

图 10.17　福利档案—住房公积金

说明：本章介绍的保险福利缴费基数以固定值 3500 为基准。

（3）福利档案账户封存、销户、转出。

账户封存：员工离开本单位后，因各种原因如暂时未找到新的工作，或者新单位暂时没有给其办理该项福利，不能及时将其福利账户转出，需要封存该员工的福利账户。另外，单位可能因各种原因暂时中止员工某项保险福利的缴存，也可以暂时封存该员工的账户。账户封存的当月停止对其基金的缴存。

账户销户：对于不再使用的福利账户，销户以后，仍保留账户信息。

账户转出：对于法定福利，职工从本单位离开后，如果新单位给其办理该项保险，需要将其福利账户转移到新的单位。账户转出的当月停止对其基金的缴存。

在图 10.11 所示的福利档案—社会保险窗口，选择开户人员，单击"销户"按钮，即可将被选择的人员销户。

在图 10.11 所示的福利档案—社会保险窗口，选择开户人员，单击"转出"按钮，即可将被选择的人员转出。

员工离职时，如果该月已经向社保中心/公积金中心交纳保险或公积金，则只能在下月做人员费用变动；如果当月还没有交纳，则可以在当月做人员费用变动。缴纳保险标志：如果当月该福利类别已经生成费用分摊凭证，不管凭证是否签字、审核或记账，则认为该福利类别当月已经支付福利费；如果当月已经交纳了福利费用，但尚未填写费用分摊凭证，此时执行销户或转出操作，将直接删除当月的缴费记录，并且该操作不能恢复。

（4）福利计提。

按照国家规定从试用期开始就要为员工缴交各项保险。但一些企业在试用期间会采用福利计提方式，在员工转正后才会按照计提金额再为其办理福利进行补缴；或由于员工个人原因而未按时转入账户的，在福利管理模块中按照福利计提进行处理。如在计提期间未从员工薪资中扣除社会保险个人缴交部分，则需要在转正月份进行补扣。有些新入职员工社保关系未及时转入时,需采用计提方式,等到关系转入后进行补缴。

新员工开户时,可直接设置为计提状态,计提状态账户也正常生成每月福利缴交数据,但数据状态每月都为计提,直到为该员工向社保中心开始正常缴费,则通过"计提转正常"功能进行业务处理。进行该操作时,提示:"是否按每月计提数据生成相应补缴数据,可直接进行补缴?"

根据计提数据生成福利补缴数据时,如本月转正常,则按开始计提月到上一月的月份数进行补缴。

(5) 福利缓缴。

国家允许经申报的困难企业缓缴福利政策。对于正常状态的福利个人账户,通过"计提缓缴"功能改变状态为计提。恢复社保缴费时,进行计提转正常操作,此时提示:"是否按缓缴的计提数据生成相应补缴数据"。

(6) 福利档案的启封与撤销。

福利档案启封:对于停止交纳(已经封存的)的福利账户,单位如果给员工继续交纳该项福利,需要启封该员工的福利账户。可以选择多个被封存的账户,执行批量启封操作,启封当月,自动生成一条缴费记录。

福利档案撤销:当月进行员工转出或销户操作,可以进行撤销。

选择转出状态或销户状态的人员账户,单击"撤销"按钮,完成转出或销户的反操作,个人账户恢复为正常状态。

2. 福利缴交

核算每月员工和单位应支付的福利费用。一般情况下,社保和公积金都是按月交纳,但企业或个人经常因各种原因未能按时缴纳保险,缴费基数、缴费比例等发生变化,需要补缴福利费。

(1) 保险福利费用计算。

【案例 10.5】 参照前述案例产生 2014 年 1 月员工缴交保险福利的费用。

在图 10.3 所示的保险福利管理窗口,选择"福利业务"→"福利缴交"选项,出现图 10.18 所示的福利缴交—社会保险窗口。

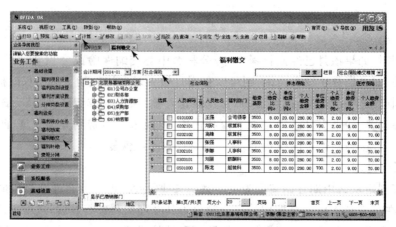

图 10.18 福利缴交—社会保险

在图 10.18 所示的福利缴交—社会保险窗口,可以做以下操作:
① 会计月份默认显示当前会计期间。在"方案"下拉框中选择福利方案。
② 单击"修改"按钮,进入缴费数据的列表编辑界面。录入新数据并保存,进行过编辑的项目字体显示为蓝色,已经定义了公式的项目不允许修改,只能由系统根据公式自动计算。
③ 单击"计算"按钮,计算福利费。可以对单个缴费记录或多个缴费记录重新计算缴费金额。

说明:在图 10.18 所示的福利缴交—社会保险窗口,选择"住房公积金"选项,出现图 10.19 所示的福利缴交—住房公积金窗口。

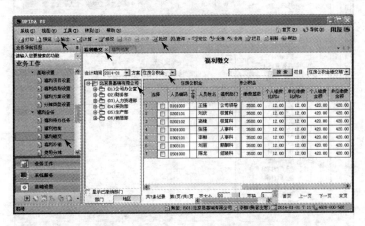

图 10.19　福利缴交—住房公积金

(2) 保险福利费传递到薪资模块。

福利业务核算个人和单位应交纳的保险福利费后,需要将员工应支付的福利费传递到薪资模块,由企业从薪资中直接扣除代缴。

选择"薪资管理"→"设置"→"薪资项目设置",出现如图 10.20 所示的"薪资项目设置"窗口。

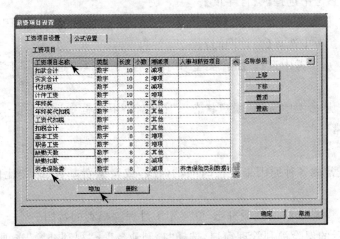

图 10.20　"薪资项目设置"窗口

在图 10.20 所示的"薪资项目设置"窗口,做以下操作:

① 增加薪资项目:养老保险费、医疗保险费、失业保险费、住房公积金。若名称参照中没有上述字段,可参照其他字段,修改名称,完成操作。

② 选择新增加的薪资项目"养老保险费",鼠标双击"人事与薪资项目"列的空白处,单击鼠标,选择"养老保险类别数据表",再从该表中选择"个人缴费金额"。出现如图 10.21 所示的薪资项目取数规则的设置窗口。

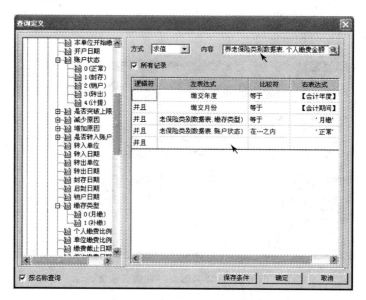

图 10.21　薪资项目取数规则的设置

设置薪资项目取数的条件:取当前年度、当前月份员工应交纳的养老保险费。

在图 10.21 所示的薪资项目取数规则的设置窗口,做以下操作:

① 左表达式:从参考中选择"养老保险类别数据表.会计年";"比较符"下拉框中选择"等于";右表达式:从参考中选择【会计年度】。

② 左表达式:从参考中选择"养老保险类别数据表.会计月";"比较符"下拉框中选择"等于";右表达式:从参考中选择【会计期间】。

③ 左表达式:从参考中选择"缴存类型";"比较符"下拉框中选择"等于";右表达式:从参考中选择"月缴"。

④ 左表达式:从参考中选择"账户状态";"比较符"下拉框中选择"在…之内";右表达式:从参考中选择"正常"。

3. 福利补缴

企业或个人经常因各种原因未能按时缴纳保险,或者缴费基数、缴费比例等发生变化,需要补缴福利费。

【案例 10.6】 为薪酬科的刘丽补缴 2014 年 1 月保险福利的费用。

在图 10.3 所示的保险福利管理窗口,选择"福利业务"→"福利补缴"选项,出现图 10.22 所示的福利补缴窗口。

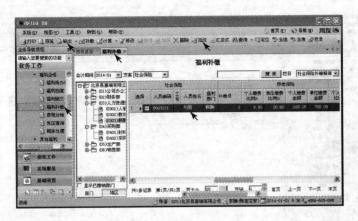

图 10.22　福利补缴

在图 10.22 所示的福利补缴窗口，单击"补缴"按钮，出现图 10.23 所示的福利缴交—人员窗口。

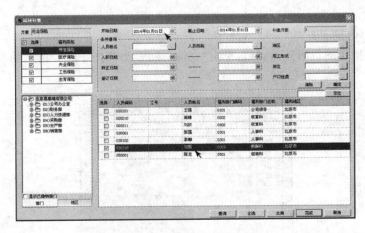

图 10.23　福利缴交—人员

在图 10.23 所示的福利缴交—人员窗口，做以下操作：
（1）输入补缴的日期范围。
（2）选择当前福利方案中的补缴人员。
（3）单击"完成"按钮，返回到图 10.22 所示的福利补缴窗口。

4. 费用分摊

费用分摊根据福利费用计提、分配规则，将福利费用根据用途进行分配，并编制转账会计凭证，供总账系统记账处理之用。

【案例 10.7】 产生 2014 年 1 月保险福利费用分摊的凭证。

在图 10.3 所示的保险福利管理窗口，选择"福利业务"→"费用分摊"选项，出现图 10.24 所示的费用分摊窗口。

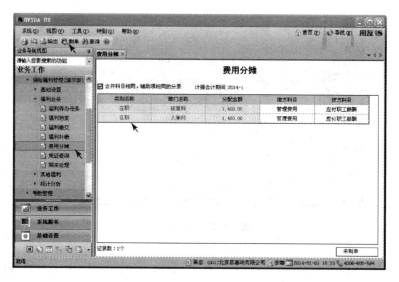

图 10.24 费用分摊

(1) 分摊计提。

在图 10.24 所示的费用分摊窗口,单击"查询"按钮,出现图 10.25 所示的"费用分摊查询"窗口。

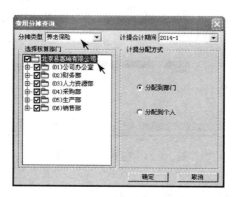

图 10.25 "费用分摊查询"窗口

在图 10.25 所示的"费用分摊查询"窗口,选择本次费用分摊类型、选择核算部门以及计提会计期间、计提分配方式,单击"确定"按钮,返回到图 10.24 所示的费用分摊窗口。

(2) 生成凭证,传递给总账系统。

在图 10.24 所示的费用分摊窗口,单击"制单"按钮,出现图 10.26 所示的"填制凭证"窗口。

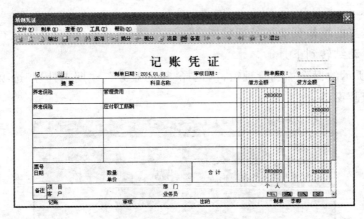

图 10.26 "填制凭证"窗口

在图 10.26 所示的"填制凭证"窗口,选择凭证类别后,保存凭证。单击"退出"按钮,返回到图 10.24 所示的费用分摊窗口。

5. 凭证查询

福利业务填写的凭证,不能在总账系统中直接删除、冲销。只能在凭证查询模块执行删除、冲销操作。

在图 10.3 所示的保险福利管理窗口,选择"福利业务"→"凭证查询"选项,出现图 10.27 所示的凭证查询窗口。

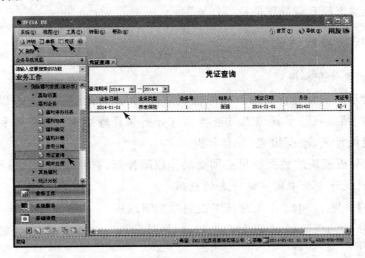

图 10.27 凭证查询

在图 10.27 所示的凭证查询窗口,选择凭证类别后:
(1) 单击"凭证"按钮,显示选中的凭证记录的原始凭证。
(2) 单击"单据"按钮,显示选中的凭证记录的原始单据。
(3) 单击"删除"按钮,可对标志为"未审核"的凭证进行删除操作。
(4) 单击"冲销"按钮,可对标志为"记账"的凭证进行红字冲销操作。

6. 期末处理

期末处理是当前期福利业务处理完毕,进行下一期间业务之前,必须执行月末结账操作并将基金数据自动结转到下月。

在图 10.3 所示的保险福利管理窗口,选择"福利业务"→"期末处理"选项,出现图 10.28 所示的"期末处理"窗口。

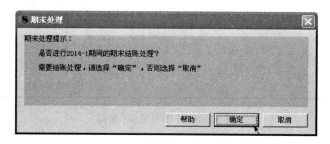

图 10.28 "期末处理"窗口

在图 10.28 所示的"期末处理"窗口,单击"确定"按钮,执行月末结账操作。

7. 福利待办

人事管理中会经常有人员入职、人事异动、人员离职变动,保险福利管理模块可同时处理员工福利的开户、转出、销户等业务。如有业务需要福利操作员处理,则在操作保险福利模块时,自动弹出业务处理通知界面,可对通知进行处理或删除。如当前没有需要处理的福利业务,则提示:"您没有待处理的待办任务"。

10.2.4 保险福利统计分析

1. 保险福利统计分析概述

保险福利管理的统计分析是指对保险福利账表、凭证的处理工作。可以产生保险福利的统计图表,这些结果有助于管理人员进行信息分析和管理决策。保险福利统计分析的业务应用包括固定统计表、动态报表、综合分析。

说明:统计分析模块的数据结果范围受操作权限控制,有些职能无法操作。

2. 保险福利统计分析中固定统计表的应用

【案例 10.8】 显示 2014 年 1 月员工福利缴交明细表。

在图 10.3 所示的保险福利管理窗口,选择"统计分析"→"动态报表"选项,出现图 10.29 所示的"动态报表管理"窗口。

图 10.29 "动态报表管理"窗口

在图 10.29 所示的"动态报表管理"窗口,选择"福利报表"选项,在右侧选择报表名称,出现图 10.30 所示的"参数赋值"窗口。

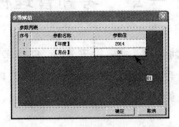

图 10.30 "参数赋值"窗口

在图 10.30 所示的"参数赋值"窗口,输入条件,单击"确定"按钮,出现图 10.31 所示的"动态报表数据预览"窗口。

图 10.31 "动态报表数据预览"窗口

思 考 题

1. 说明保险福利管理模块完成的任务。
2. 说明保险福利管理业务操作的流程。
3. 保险福利管理涉及哪些数据表?每个数据表有哪些项目?
4. 说明保险福利调整的处理流程。
5. 说明保险福利变动职能的作用,为什么会出现保险福利变动的情况?
6. 月末结账的职能是什么?要注意什么问题?
7. 统计分析职能的作用是什么?可以产生哪些表格成果?

第十一章 考勤管理模块

考勤管理模块完成设置考勤管理参数、排班管理、日常考勤业务管理、考勤数据处理、考勤数据统计、设备管理和卡务管理等工作。本章介绍考勤管理工作完成的任务,说明考勤管理工作的信息处理流程,详细介绍考勤管理模块的操作过程。

学习目标:
1. 了解考勤管理工作主要完成的任务。
2. 掌握考勤管理的操作流程。
3. 掌握考勤管理的基础设置要完成的任务和操作方法。
4. 掌握考勤排班管理的任务和操作方法。
5. 掌握考勤管理日常业务管理的任务和操作方法。
6. 掌握考勤卡务管理的任务和操作方法。
7. 了解考勤管理数据统计和查询的操作方法。

11.1 考勤管理的概述

11.1.1 考勤管理的业务介绍

1. 考勤管理

考勤管理人力资源管理信息系统的组成部分,考勤管理模块通过设置考勤参数,完成考勤的日常业务管理工作。考勤管理系统适用于各类企业进行考勤管理,与人力资源管理信息系统的人事管理模块、薪资管理模块、绩效管理模块有数据交换关系。例如,考勤管理模块的人员数据来自于人事管理模块。考勤管理模块的数据传递到薪资管理模块,能够核算薪资系统的各种补贴、加班费、缺勤扣款等其他项目。考勤管理模块的数据传递到绩效管理模块,能够核算员工的考勤业绩项目。

2. 考勤管理的主要业务工作

(1) 设置考勤参数。

设置考勤参数主要包括设置考勤类别、设置考勤选项、设置考勤制度、设置休息日、设置考勤班次工作时间段、设置班组、设置考勤期间、设置考勤人员、考勤机管理、考勤项目管理、考勤算法管理等管理工作。通过设置考勤参数,信息系统存储了运行考勤管理模块的基础数据。

(2) 考勤卡务管理工作。

对于采用考勤卡管理的企业,卡务管理完成系统参数设置、读卡器本地设置、设备管理、设备联机操作、卡务等管理工作。对于采用考勤卡管理考勤的企业,通过卡务管理工作,信息系统存储了考勤管理模块的卡务基础数据。

(3) 考勤的日常业务管理工作。

考勤的日常业务管理包括排班管理、加班登记、请假登记、出差登记、假期管理等管理工作。通过日常业务管理工作，能够得到员工在考勤期内的实时考勤数据。

(4) 考勤数据统计。

考勤数据统计包括处理刷卡数据、考勤计算、月结果汇总等管理工作。通过考勤数据统计的管理工作，能够产生考勤数据统计报表。

3. 考勤管理的操作流程

人力资源管理信息系统的考勤管理模块操作流程如图 11.1 所示。

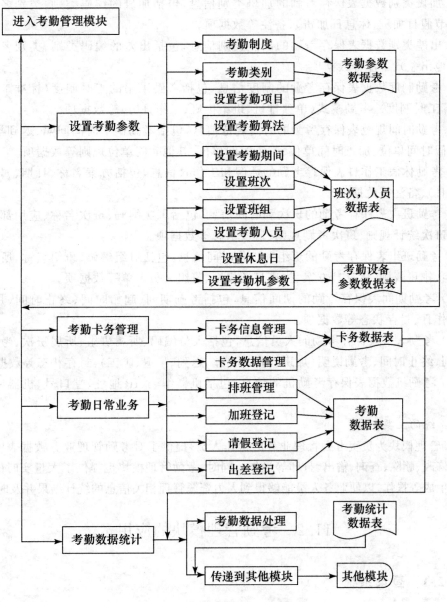

图 11.1 考勤管理模块的操作流程

11.1.2 考勤管理的数据结构

1. 数据结构

考勤管理模块的数据结构用于保存与考勤管理有关的信息,信息以表格的形式保存。

(1) 班次类别数据表保存考勤的班次信息,包括班次的编码类别、类别名称(白班、夜班)、备注等数据项。

(2) 请假类别数据表保存考勤的请假类别信息,包括请假的编码类别、类别名称(欠班、病假、事假、婚假、年假等)、备注等数据项。

(3) 加班类别数据表保存考勤的加班类别信息,包括加班的编码类别、类别名称(工作日加班、节假日加班、休息日加班)、备注等数据项。

(4) 出差类别数据表保存考勤的出差类别信息,包括出差的编码类别、类别名称(本地出差、外地出差)、备注等数据项。

(5) 考勤制度数据表保存考勤的制度信息,包括考勤采用的工时制度(标准工时制度、综合计算工时制度)、考勤模式(单独排班、班组排班、工作日历)等数据项。

(6) 考勤时间规范表保存考勤的时间规范信息,包括考勤刷卡时间间隔、迟到早退时间单位、请假时间单位、加班时间单位、旷工时间单位、其他时间单位规则等数据项。

(7) 考勤休假工作日表保存考勤的休假和工作日信息,包括方案名称、日期、属性(休息日、工作日)、备注等数据项。

(8) 考勤班次表保存考勤的班次和时间信息,包括班次编码、班次名称、应用部门、应出勤天数、班次统计规则、班次考勤规则、班段信息等数据项。

(9) 考勤班组表保存考勤的班组和工作时间信息,包括班组编码、班组名称、所属部门、所属群组、排班规则、休息日方案、排班日期规则、班组人员名单等数据项。

(10) 考勤期间表保存考勤的期间信息,包括考勤期间、起始时间、终止时间、月工作小时、月工作日、封存状态等数据项。

(11) 考勤人员表保存考勤的人员信息,包括人员编码、所属班组、所属班次、考勤日期、起始时间、终止时间、考勤说明(加班、请假、出差、迟到、早退、旷工)、封存状态等数据项。

(12) 考勤机数据表保存考勤机的信息,包括机器编码、IP地址、端口号、机器说明等数据项。

2. 系统的主要职能

考勤管理模块为负责考勤管理业务的操作人员,提供了对考勤管理业务数据表的记录进行增加、修改、删除、查询、输出、打印等操作。同时,考勤管理模块也提供了大量实时的信息统计、报表生成等操作,以便业务人员能够得到人力资源管理相关信息的统计结果并及时打印。

11.2 考勤管理模块的应用

11.2.1 登录系统

1. 案例说明

北京易惠瑞有限公司人力资源部门薪资科设置考勤管理岗位,完成以下业务工作:

(1) 负责设置考勤管理参数。
(2) 负责完成考勤业务的信息管理工作。
(3) 完成信息查询、统计、报表工作。

本章案例主要介绍考勤模块设置、考勤的业务管理和数据统计等环节的工作。

2. 登录系统

选择"开始"→"程序"→"用友 U8V10.0"→"系统服务"→"企业应用平台"选项，出现图 11.2 所示的"登录"窗口。

图 11.2 "登录"窗口

说明：本例以操作员 103（刘丽）的身份登录系统。该操作员具有考勤管理模块操作的权限。

在图 11.2 所示的"登录"窗口，输入"操作员、密码、账套"等信息，单击"登录"按钮，出现图 11.3 所示的考勤管理窗口。

图 11.3 考勤管理

11.2.2 设置考勤参数

考勤参数用于设置考勤模块的应用参数，包括设置考勤类别、考勤选项、考勤制度、休息日、考勤班次、考勤期间、考勤人员、考勤机管理、考勤项目、考勤算法等管理工作。

1. 考勤类别设置

系统预置了班次类别、请假类别、加班类别、出差类别等参数值，企业可以根据需要修改调整。

(1) 班次设置。

【案例 11.1】 增加班次类别。根据工作性质可以设置班次类别成为白班（9：00－17：00）、中班（13：00－21：00）、夜班（17：00－23：00）。

在图 11.3 所示的考勤管理窗口，选择"考勤设置"→"考勤类别"→"班次类别"选项，出现图 11.4 所示的考勤类别—班次类别窗口。

图 11.4 考勤类别—班次类别

在图 11.4 所示的考勤类别—班次类别窗口，可以做以下操作：

① 单击"增加"按钮，出现图 11.5 所示的增加班次窗口，增加考勤类别设置。

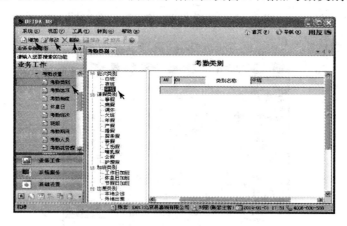

图 11.5 增加班次

在图 11.5 所示的增加班次窗口，输入信息并保存，完成班次设置工作。

② 单击"修改"按钮，修改考勤类别设置。

③ 单击"删除"按钮，删除考勤类别设置。

(2) 请假类别设置。

在图 11.3 所示的考勤管理窗口，选择"考勤设置"→"考勤类别"→"请假类别"选项，出现图 11.6 所示的考勤类别—请假类别窗口。

第十一章 考勤管理模块

图 11.6　考勤类别—请假类别

在图 11.6 所示的考勤类别—请假类别窗口,可以做以下操作:

① 单击"增加"按钮,增加请假类别设置。本例显示"事假"的设置,企业可以自行定义新的请假类别。

② 单击"修改"按钮,修改请假类别设置。

③ 单击"删除"按钮,删除请假类别设置。

(3) 加班类别设置。

在图 11.3 所示的考勤管理窗口,选择"考勤设置"→"加班类别"选项,出现图 11.7 所示的考勤类别—加班类别窗口。

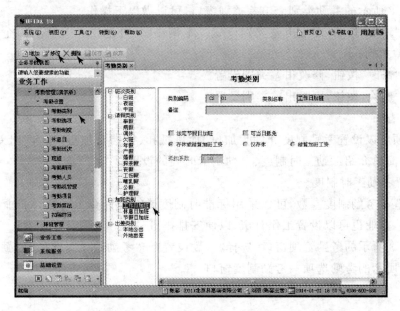

图 11.7　考勤类别—加班类别

在图11.7所示的考勤类别—加班类别窗口,可以做以下操作:

① 单击"增加"按钮,增加加班类别设置。本例显示"工作日加班"的设置,企业可以自行定义新的加班类别。

② 单击"修改"按钮,修改加班类别设置。

③ 单击"删除"按钮,删除加班类别设置。

(4)出差类别设置。

在图11.3所示的考勤管理窗口,选择"考勤设置"→"考勤类别"→"出差类别"选项,出现图11.8所示的考勤类别—出差类别窗口。

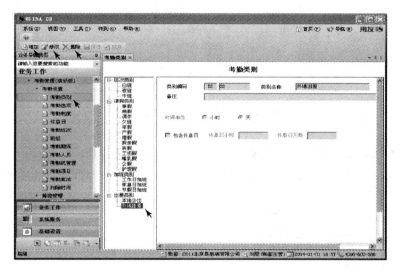

图11.8 考勤类别—出差类别

在图11.8所示的考勤类别—出差类别窗口,可以做以下操作:

① 单击"增加"按钮,增加出差类别设置。本例显示"外地出差"的设置,企业可以自行定义新的出差类别。

② 单击"修改"按钮,修改出差类别设置。

③ 单击"删除"按钮,删除出差类别设置。

2. 考勤选项

考勤选项可以设置考勤制度、时间、加班、加班抵扣、抵挡日加班、签卡、出差、考勤计算等参数,本书简单介绍考勤工时制度、考勤刷卡时间的设置。

(1)设置考勤工时制度。

系统预置了考勤制度参数,可以采用标准时制度或综合计算工时制。企业可以根据需要修改调整。企业也可以设置工作日历,以便安排排班。

在图11.3所示的考勤管理窗口,选择"考勤设置"→"考勤选项",选择"考勤制度"页框,出现图11.9所示的考勤选项—考勤制度窗口。

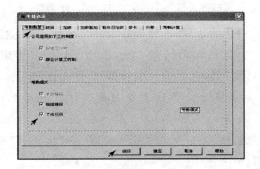

图 11.9　考勤选项—考勤制度

在图 11.9 所示的考勤选项—考勤制度窗口,单击"编辑"按钮,可以修改考勤参数,单击"确定"按钮,返回到图 11.3 所示的考勤管理窗口。

说明:在图 11.9 所示的考勤选项—考勤制度窗口,勾选"班组排班"、"工作日历"选项,为后续设置休息日做准备。

(2) 设置考勤时间。

系统预置了考勤时间的参数,企业可以根据需要修改调整考勤时间选项的设置。

【案例 11.2】　企业规定刷卡时间间隔设置为 10 分钟。迟到、早退 30 分钟开始计次,迟到、早退 60 分钟旷工计次。

在图 11.3 所示的考勤管理窗口,选择"考勤设置"→"考勤选项",选择"时间"页框,出现图 11.10 所示的考勤选项—时间窗口。

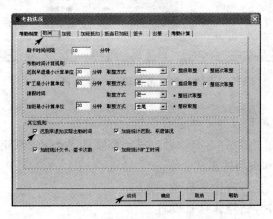

图 11.10　考勤选项—时间

在图 11.10 所示的考勤选项—时间窗口,单击"编辑"按钮,可以修改考勤时间参数,单击"确定"按钮,返回到图 11.3 所示的考勤管理窗口。

3. 休息日

国家有关法律保护员工的休息权利,有固定休息日和节假日。节假日调休,休息日管理主要管理制定休息日的日期,确定休息日后可以自动产生企业的工作日历。

【案例 11.3】　周六、周日为企业的休息日。国家规定 2014 年节假日安排,元旦(1 月 1

日周三休息 1 天)、春节(1 月 31 日周五至 2 月 6 日周四休息 7 天,1 月 26 日周日、2 月 8 日周六上班)、清明节(4 月 5 日周六、4 月 6 日周日、4 月 7 日周一休息 3 天)、五一劳动节(5 月 1 日周四、5 月 2 日周五、5 月 3 日周六休息 3 天,5 月 4 日周日上班)、端午节(5 月 31 日周六、6 月 1 日周日、6 月 2 日周一休息 3 天)、中秋节(9 月 6 日周六、9 月 7 日周日、9 月 8 日周一休息 3 天)、国庆节(10 月 1 日周三至 10 月 7 日周二休息 7 天,9 月 28 日周日、10 月 11 日周六上班)休假。

在图 11.3 所示的考勤管理窗口,选择"考勤设置"→"休息日"选项,出现图 11.11 所示的考勤设置—休息日窗口。

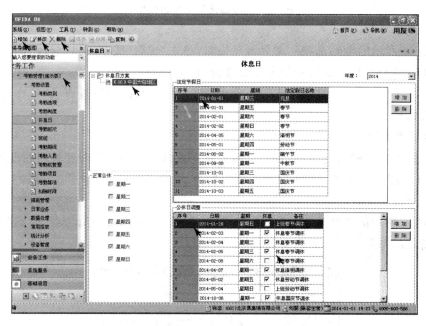

图 11.11 考勤设置—休息日

在图 11.11 所示的考勤设置—休息日窗口,可以做以下操作:

(1) 单击"增加"按钮,增加休息日设置。法定节假日记录国家规定的法定假日日期。正常公休记录调整的休息日和占用的正常公休。

(2) 单击"修改"按钮,修改休息日设置。

(3) 单击"删除"按钮,删除休息日设置。

4. 工作日历

设置休息日数据后,可以产生企业的工作日历。

【案例 11.4】 参见休息日的设置,产生工作日历。

参见图 11.9 所示的考勤选项—考勤制度窗口,勾选"班组排班"、"工作日历"选项后,在图 11.3 所示的考勤管理窗口,选择"考勤管理"→"排班管理"→"工作日历"→"工作日历设置"选项,出现图 11.12 所示的工作日历设置窗口。

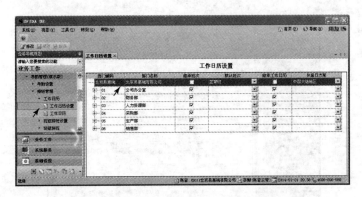

图 11.12　工作日历设置

在图 11.12 所示的工作日历设置窗口,可以按照部门,确定休息日方案。本例表示公司的所有部门全部采用图 11.11 所示的考勤设置—休息日设置方案。

在图 11.12 所示的工作日历设置窗口,选择"考勤管理"→"排班管理"→"工作日历"→"工作日历"选项,出现图 11.13 所示的工作日历窗口。

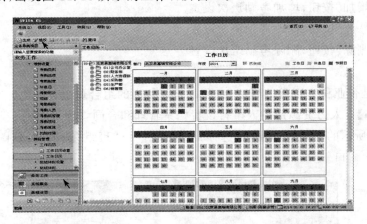

图 11.13　工作日历

5. 考勤班次

考勤班次设置用于定义考勤班次的上、下班时间和迟到、早退时间的约定,同时设置允许刷卡的时间范围,是否需要进行签到、签退,每个班次时段需要扣除的休息时间。只有设置了考勤班次以后,才能进行排班操作,系统根据考勤班次信息、考勤规则以及员工刷卡情况计算员工的出勤情况。

【案例 11.5】　上班时间白班 9:00－17:00、中班 13:00－21:00、夜班 17:00－23:00。迟到早退不足 20 分钟不计,超过 60 分钟计旷工。上、下班前、后 30 分钟可以刷卡签到或签退,推迟下班计加班。

在图 11.3 所示的考勤管理窗口,选择"考勤设置"→"考勤班次"选项,出现图 11.14 所示的考勤班次窗口。

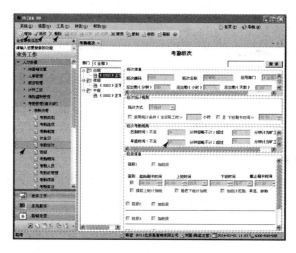

图 11.14 考勤班次

在图 11.14 所示的考勤班次窗口,可以做以下操作:
(1) 单击"增加"按钮,增加考勤班次设置。
(2) 单击"修改"按钮,修改考勤班次设置。
(3) 单击"删除"按钮,删除考勤班次设置。

6. 班组

班组可以是企业科室正常的班组,也可以是跨科室的组合班组。

【案例 11.6】 人力资源部的人事科设置档案管理和合同管理班组。

在图 11.3 所示的考勤管理窗口,选择"考勤设置"→"班组"选项,出现图 11.15 所示的考勤设置—班组窗口。

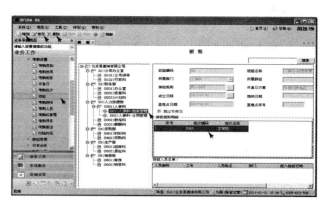

图 11.15 考勤设置—班组

在图 11.15 所示的考勤设置—班组窗口,可以做以下操作:
(1) 单击"增加"按钮,增加班组设置。
班组编码、班组名称:必须输入,不允许重复。
所属部门:能选择的部门,是当前操作员所有部门权限的部门。

(2) 单击"修改"按钮,修改班组设置。

(3) 单击"删除"按钮,删除班组设置。

7. 考勤期间

考勤期间以年度为周期,可以以月为周期分若干考勤期间。

在图 11.3 所示的考勤管理窗口,选择"考勤设置"→"考勤期间"选项,出现图 11.16 所示的考勤设置—考勤期间窗口。

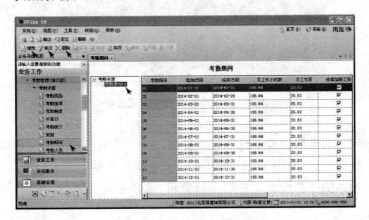

图 11.16　考勤设置—考勤期间

在图 11.16 所示的考勤设置—考勤期间窗口,可以做以下操作:

(1) 单击"增加"按钮,增加考勤期间设置。

(2) 单击"修改"按钮,修改考勤期间设置。

(3) 单击"删除"按钮,删除考勤期间设置。

8. 考勤人员

考勤人员管理用于设置参加考勤的人员范围,为每个人员分配卡号、指定员工所属班组。

在图 11.3 所示的考勤管理窗口,选择"考勤设置"→"考勤人员"选项,出现图 11.17 所示的考勤设置—考勤人员窗口。

图 11.17　考勤设置—考勤人员

在图11.17所示的考勤设置—考勤人员窗口,单击"修改"按钮,选择考勤人员后,在"班组名称"单击鼠标,出现图11.18所示的考勤设置—选取班组窗口。

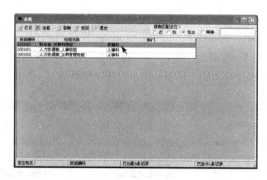

图11.18　考勤设置—选取班组

在图11.18所示的考勤设置—选取班组窗口,显示"班组名称",确定考勤人员所在的班组。单击"返回"按钮,返回到图11.17所示的考勤设置—考勤人员窗口。

在图11.17所示的考勤设置—考勤人员窗口,选择考勤人员后,在"卡号"位置,输入员工的考勤卡号。

9．考勤机管理

如果考勤采用考勤机获取考勤数据,需要设置考勤机的参数。

在图11.3所示的考勤管理窗口,选择"考勤设置"→"考勤机管理"选项,出现图11.19所示的"考勤机管理"窗口。

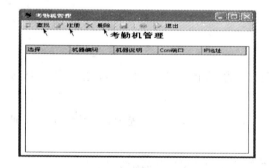

图11.19　"考勤机管理"窗口

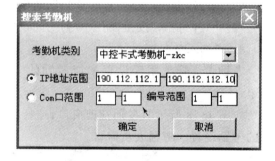

图11.20　"搜索考勤机"窗口

在图11.19所示的"考勤机管理"窗口,可以做以下操作:

(1) 单击"查找"按钮,出现图11.20所示的"搜索考勤机"窗口,设置相关参数。
(2) 单击"注册"按钮,修改考勤机管理设置。
(3) 单击"删除"按钮,删除考勤机管理设置。
(4) 单击"保存"按钮,保存考勤机参数设置。

说明:考勤机有不同类型,企业可根据需要选择考勤机及其品牌。

10．考勤项目

考勤项目用于设置考勤报表中出现的项目,系统有默认设置,企业可以根据需要调整设置。包括考勤日结果、班段结果、考勤月结果、年考勤汇总项目的设置。

(1) 设置考勤日结果。

在图 11.3 所示的考勤管理窗口,选择"考勤设置"→"考勤项目"→"考勤日结果"选项,出现图 11.21 所示的考勤项目—考勤日结果窗口。

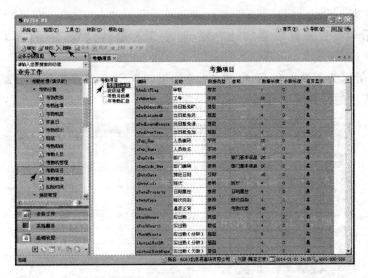

图 11.21　考勤项目—考勤日结果

在图 11.21 所示的考勤项目—考勤日结果窗口,可以做以下操作：

① 单击"增加"按钮,增加考勤项目设置。

② 单击"修改"按钮,修改考勤项目设置。

③ 单击"删除"按钮,删除考勤项目设置。

(2) 设置考勤月结果。

在图 11.3 所示的考勤管理窗口,选择"考勤设置"→"考勤项目"→"考勤月结果"选项,出现图 11.22 所示的考勤项目—考勤月结果窗口。

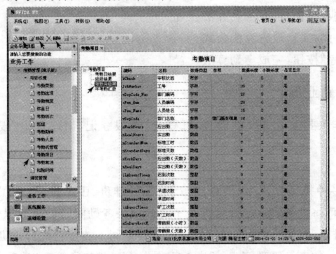

图 11.22　考勤项目—考勤月结果

在图 11.22 所示的考勤项目—考勤月结果窗口,可以做以下操作:

① 单击"增加"按钮,增加考勤项目设置。

② 单击"修改"按钮,修改考勤项目设置。

③ 单击"删除"按钮,删除考勤项目设置。

11. 考勤算法

考勤算法用于设置考勤数据的计算规则,系统有默认设置,企业可以根据需要调整设置。

在图 11.3 所示的考勤管理窗口,选择"考勤设置"→"考勤算法"→"日结果算法"选项,出现图 11.23 所示的考勤算法—日结果算法窗口。

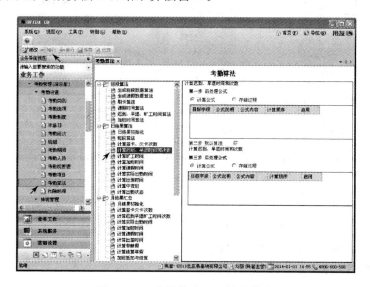

图 11.23 考勤算法—日结果算法

在图 11.23 所示的考勤算法—日结果算法窗口,可以做以下操作:

(1) 在屏幕中间栏目,选择项目名称。

(2) 单击"修改"按钮,进入考勤算法设置。

(3) 在屏幕右侧栏目,设置算法公式。

(4) 单击"保存"按钮,完成考勤算法设置。

11.2.3 考勤业务

考勤业务工作主要包括排班管理、加班登记、请假登记、出差登记、假期管理等方面的工作。

1. 排班管理

系统提供了多种排班方式,包括自动排班、批量排班、手工排班、参照排班、轮班排班。当月排班完成后,可将排班表进行锁定。为了有效记录考勤同时保障数据安全,已锁定的排班表不允许修改排班和日期属性。已经封存的考勤期间不能重新进行排班。

在图 11.3 所示的考勤管理窗口,选择"日常业务"→"排班管理"选项,出现图 11.24 所示的日常业务—排班管理窗口。

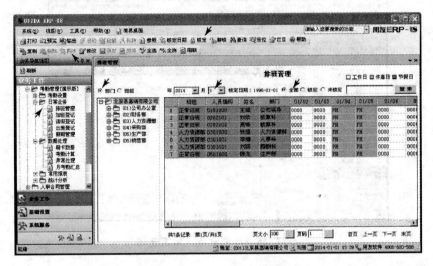

图 11.24　日常业务—排班管理

在图 11.24 所示的日常业务—排班管理窗口,可以按照部门或班组分类,列出了指定年度和考勤期的人员所在的班组、考勤日、休息日的信息。

在图 11.24 所示的日常业务—排班管理窗口,可以做以下操作:
(1) 可以设置考勤期间,显示排班信息。
(2) 可以按照"部门"或者"班组"显示或管理排班信息。
(3) 选择考勤人员后,按"同步"按钮,系统将已经设置的"休息日"与本模块同步,同时显示考勤人员的班组信息、休息日的设置,管理人员可以查看最新的数据。
(4) 选择考勤人员后,按"自动"按钮,系统自动生成数据,显示考勤人员的班组信息、休息日的设置。
(5) 单击"锁定"按钮,可以锁定相关人员的排班信息。
可设定锁定日期,对人员进行锁定操作,锁定日期之前的排班不允许进行修改。当员工要求调整排班时,不需要修改锁定日期,只需要将调整排班的员工解锁进行修改即可。
(6) 单击"解锁"按钮,可以解锁相关人员的排班信息。
(7) 单击"输出"按钮,可以将排班表以 Excel 文件格式保存。
(8) 单击"保存"按钮,完成排班管理设置。

2. 加班登记

系统提供了管理考勤人员加班信息的操作。

在图 11.3 所示的考勤管理窗口,选择"日常业务"→"加班登记"选项,出现图 11.25 所示的日常业务—加班登记窗口。

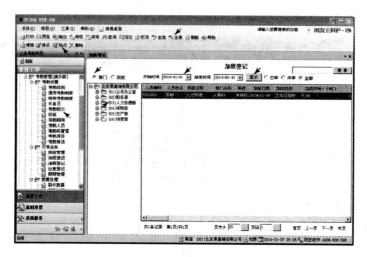

图 11.25　日常业务—加班登记

在图 11.25 所示的日常业务—加班登记窗口，选择加班人员后，单击"增加"按钮，出现图 11.26 所示的日常业务—加班资料窗口。

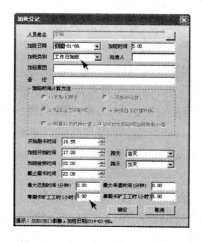

图 11.26　日常业务—加班资料

在图 11.26 所示的日常业务—加班资料窗口，填写加班人、加班日期、加班说明后，单击"确定"按钮，返回到图 11.25 所示的日常业务—加班登记窗口。

在图 11.25 所示的日常业务—加班登记窗口，选择加班人员后，单击"审核"按钮，表示加班信息得到批准，经审核的数据不得再次修改。单击"输出"按钮，考勤人员的请假数据以 Excel 格式的文件保存。

3. 请假登记

系统提供了管理考勤人员请假信息的操作。

在图 11.3 所示的考勤管理窗口，选择"日常业务"→"请假登记"选项，出现图 11.27 所示的日常业务—请假登记窗口。

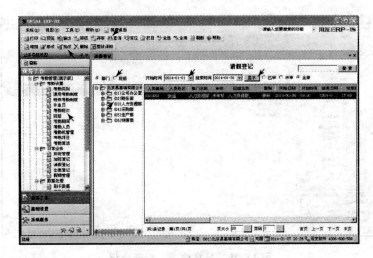

图 11.27　日常业务—请假登记

在图 11.27 所示的日常业务—请假登记窗口，选择请假人员后，单击"增加"按钮，出现图 11.28 所示的日常业务—请假资料窗口。

图 11.28　日常业务—请假资料

在图 11.28 所示的日常业务—请假资料窗口，填写请假人、请假日期、请假说明后，单击"确定"按钮，返回到图 11.27 所示的日常业务—请假登记窗口。

在图 11.27 所示的日常业务—请假登记窗口，选择请假人员后，单击"审核"按钮，表示请假信息得到批准，经审核的数据不得再次修改。单击"输出"按钮，考勤人员的请假数据以 Excel 格式的文件保存。

4．出差登记

系统提供了管理考勤人员出差信息的操作。

在图 11.3 所示的考勤管理窗口，选择"日常业务"→"出差登记"选项，出现图 11.29 所示的日常业务—出差登记窗口。

人力资源管理信息系统

图 11.29　日常业务—出差登记

在图 11.29 所示的日常业务—出差登记窗口，选择出差人员后，单击"增加"按钮，出现图 11.30 所示的日常业务—出差资料窗口。

图 11.30　日常业务—出差资料

在图 11.30 所示的日常业务—出差资料窗口，填写出差人、出差日期、出差说明后，单击"确定"按钮，返回到图 11.29 所示的日常业务—出差登记窗口。

在图 11.29 所示的日常业务—出差登记窗口，选择出差人员后，单击"审核"按钮，表示出差信息得到批准，经审核的数据不得再次修改。单击"输出"按钮，考勤人员的出差数据以 Excel 格式的文件保存。

11.2.4　数据处理

考勤数据处理主要工作包括刷卡数据的提取、考勤计算、异常处理、月考勤汇总等操作。

1. 刷卡数据的提取

在图 11.3 所示的考勤管理窗口，选择"数据处理"→"刷卡数据"选项，出现图 11.31 所示的数据处理—刷卡数据窗口。

图 11.31　数据处理—刷卡数据

在图 11.31 所示的数据处理—刷卡数据窗口,显示刷卡的数据。

(1) 单击"下载"按钮,选择考勤机的型号后,将考勤机的数据下载到本系统。

(2) 单击"签卡"按钮,出现图 11.32 所示的数据处理—签卡窗口,输入签卡的人员姓名和起始、截止日期。由于特殊原因导致员工没有刷卡时,通过该功能补刷卡记录,考勤系统提供根据排班情况自动生成正常刷卡数据或手工补刷卡时间两种方式。

图 11.32　数据处理—签卡

(3) 选择记录后,如果是刷卡数据,单击"删除"按钮,所选的记录被删除。如果是签卡数据,单击"作废",签卡的数据作废。

(4) 选择记录后,单击"修改"按钮,可以修改所选的记录。

2. 考勤计算

通过考勤计算可以得到考勤基础数据的加工结果。在图 11.3 所示的考勤管理窗口,选择"数据处理"→"考勤计算"选项,出现图 11.33 所示的数据处理—考勤计算窗口。

图 11.33　数据处理—考勤计算

图 11.34　数据处理—异常处理设置

在图 11.33 所示的数据处理—考勤计算窗口,确定计算范围后,考勤系统自动计算考勤数据。

3. 异常处理

在图 11.3 所示的考勤管理窗口,选择"数据处理"→"异常处理"选项,出现图 11.34 所示的数据处理—异常处理设置窗口。

在图 11.34 所示的数据处理—异常处理设置窗口,设置条件后,单击"确定"按钮,出现图 11.35 所示的数据处理—异常处理窗口。

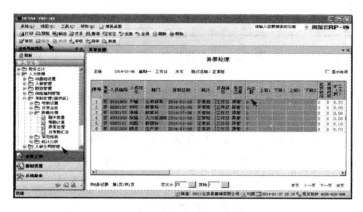

图 11.35 数据处理—异常处理

在图 11.35 所示的数据处理—异常处理窗口,可以做以下操作:

(1) 选择考勤人员后,单击"修改"按钮,可以修改考勤人员的数据。
(2) 选择考勤人员后,如果没有审核,单击"审核"按钮,所选考勤记录获得审核。
(3) 选择考勤人员后,如果已经审核,单击"弃审"按钮,所选考勤记录放弃审核。

4. 月考勤汇总

在图 11.3 所示的考勤管理窗口,选择"数据处理"→"月考勤汇总"选项,出现图 11.36 所示的数据处理—月考勤汇总窗口。

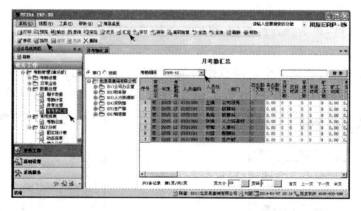

图 11.36 数据处理—月考勤汇总

在图 11.36 所示的数据处理—月考勤汇总窗口,可以做以下操作:
(1) 选择考勤人员后,单击"修改"按钮,可以修改考勤人员的数据。
(2) 选择考勤人员后,如果没有审核,单击"审核"按钮,所选考勤记录获得审核。
(3) 选择考勤人员后,如果已经审核,单击"弃审"按钮,所选考勤记录放弃审核。
(4) 单击"汇总"按钮,考勤系统汇总考勤数据。
(5) 单击"输出"按钮,数据以 Excel 格式的文件保存。

11.2.5 常用报表

1. 主要作用

员工考勤日报表属于考勤系统的常用报表。浏览员工考勤日报表,需要先计算员工考勤日结果。考勤日报不能直接修改,只能通过异常处理操作修改考勤日数据。

2. 浏览考勤日报

在图 11.3 所示的考勤管理窗口,选择"常用报表"→"考勤日报"选项,出现图 11.37 所示的常用报表—考勤日报窗口。

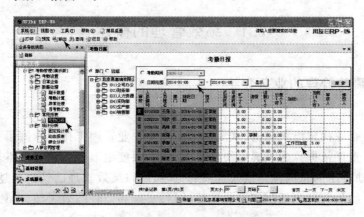

图 11.37 常用报表—考勤日报

在图 11.37 所示的常用报表—考勤日报窗口,可以做以下操作:
(1) 单击"打印"按钮,打印考勤日报数据。
(2) 单击"输出"按钮,数据以 Excel 格式的文件保存。

思 考 题

1. 考勤设置包括哪些工作?
2. 考勤业务工作主要包括哪些方面的工作?
3. 考勤数据处理主要工作包括哪些处理环节?
4. 如何得到员工考勤数据的加工结果?
5. 如何浏览考勤日报?

第十二章 绩效管理模块

绩效管理模块主要完成设置绩效管理参数、制定绩效考评计划、开展绩效考评工作、绩效考评数据统计和查询等信息管理工作。本章介绍绩效管理工作主要完成的任务,说明绩效管理工作的信息处理流程,详细介绍绩效管理模块的操作过程。

学习目标:
1. 了解绩效管理工作主要完成的任务。
2. 掌握绩效管理的操作流程。
3. 掌握绩效管理的参数设置需要完成的任务和操作方法。
4. 掌握绩效管理设置考核体系需要完成的工作和操作方法。
5. 掌握绩效管理日常业务管理需要完成的任务和操作方法。
6. 了解绩效管理数据统计和查询的操作方法。

12.1 绩效管理的概述

12.1.1 绩效管理的业务介绍

1. 绩效管理

绩效管理在企业构建组织机构、确定员工岗位等企业管理工作中发挥了很大的作用,对激励员工提供了重要依据。为了确定岗位职责、最大限度地节省劳动力成本,如何考核员工的绩效,充分调动员工的积极性是绩效管理的范畴,所以绩效管理已经越来越多地受到企业管理者的重视。绩效管理包括制定绩效考评计划、实施和监督绩效考核、考评结果反馈等信息管理工作。

绩效管理模块根据企业的实际绩效管理业务,从岗位职责入手设置考核体系,企业依据计划定期开展绩效考评工作,员工能够查看考评的结果,员工可以对考评的结果进行申诉、反馈、面谈等工作。

2. 绩效管理的主要业务工作

(1) 基础设置。

基础设置是对考核进程中所包含的基本要素进行设置,包括确定考核关系、进行维度设置、确定评分方式、明确权限方案、设置考核周期等管理工作。

① 考核关系:按照员工的岗位体系关系设置考核关系。

② 维度设置:设置考评人与被考评人的关系和有效的考核维度关系,控制考核的权限方案。考评人与被考评人之间的关系,例如,上下级关系、同事关系、下属关系。在考核的计划中根据维度设置考评分值的权重比例,在量表分配中也可看到各维度的权重比例,后续的计算打分即是根据此权重进行计算。

③ 评分方式分为数值评分和等级评分两大类。

④ 权限方案是用来设置查看评价分值的权限。

⑤ 考核周期用来设置考核时间的范围,可以是月、季、半年、年。

(2) 设置考核指标体系。

设置考核体系包括设置指标分类、指标定义、栏目定义、方案分类、考核方案、业务取数公式、考核计划、公式设置、量表分配等管理工作。

(3) 考评业务。

考评业务是绩效考核的核心工作,需要完成绩效评价、考评计算、结果确认、结果发布等管理工作。通过取得数据、公式计算获得绩效考评的数据,进而发布考评结果。

(4) 考评结果。

考评结果包括申诉管理、结果反馈、结果变更、面谈管理等管理工作。考评结果可以被人力资源管理信息系统的其他模块调用。例如,薪资管理模块和福利管理模块通过调用考评结果可以确定员工是否可以发放薪酬和福利。人事管理模块通过调用考评结果可以确定员工是否适应工作岗位。

3. 绩效管理的操作流程

人力资源管理信息系统的绩效管理模块的操作流程如图12.1所示。

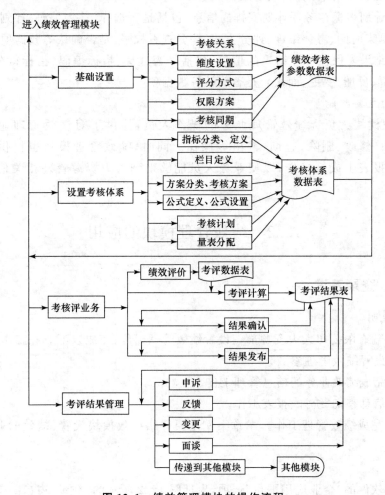

图 12.1 绩效管理模块的操作流程

12.1.2 绩效管理的数据结构

1. 数据结构

绩效管理模块的数据结构用于保存与绩效管理有关的信息,信息以表格的形式保存。

(1) 考评指标库表保存考评指标的名称及指标结构信息,包括是否选择、指标编码、指标名称、指标定义、评分标准、计量单位、是否有效等数据项。

(2) 评分方式表保存评分方式及其评分标准的信息,包括是否选择、评分方式编码、评分方式名称、评分方式类别、最大值、最小值等数据项。

(3) 考评量表模板表保存考评量表模板名称及其标准的信息,包括是否选择、模板编码、模板名称、考评类别等数据项。

(4) 评分查看权限表保存查看评分的权限信息,包括是否选择、方案编码、方案名称、权限名称等数据项。

(5) 考评计算公式表保存评分指标及其分值计算公式的信息,包括是否选择、指标编码、方案编码、公式名称、计算公式等数据项。

(6) 绩效计划表保存考评计划安排的信息,包括是否选择、计划编码、计划名称、考评开始时间、考评结束时间、考评维度、评分方式、评分查看权限、是否确认等数据项。

(7) 考评结果表保存考评结果的信息,包括是否选择、指标编码、指标得分、员工编码、结果特征(申诉、反馈、变更、面谈)、是否确认等数据项。

2. 系统的主要职能

绩效管理模块为负责绩效管理业务的操作人员,提供了对绩效管理业务数据表的记录进行增加、修改、删除、查询、输出等操作。同时,绩效管理模块也提供了大量实时的信息统计、报表生成等操作,以便业务人员能够得到人力资源管理相关信息的统计结果并及时打印。

12.2 绩效管理模块的应用

12.2.1 登录系统

1. 案例说明

北京易惠瑞有限公司人力资源部门设置绩效管理岗位,完成以下业务工作:

(1) 负责设置绩效管理参数。

(2) 负责完成绩效业务的信息管理工作。

(3) 完成信息查询、统计、报表工作。

张强负责完成绩效管理工作。本章案例主要介绍绩效模块设置、绩效的业务管理等环节的工作。

2. 登录系统

选择用友软件的"企业应用平台"选项,出现图12.2所示的"登录"窗口。

第十二章 绩效管理模块

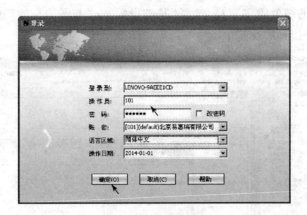

图 12.2 "登录"窗口

说明：本例以操作员 101（张强）的身份登录系统。该操作员具有绩效管理模块操作的权限。

在图 12.2 所示的"登录"窗口，输入"操作员"、"密码"、"账套"等信息，单击"登录"按钮，出现图 12.3 所示的绩效管理窗口。

图 12.3 绩效管理

12.2.2 基础设置

基础设置用于设置绩效模块的应用参数，包括考评指标库、评分方式、考评量表模板、评分查看权限等设置。

1. 考评指标库

考评指标库用于记录考评指标的指标编码、指标名称、评分标准等信息。

【案例 12.1】 按照绩效管理规范公司制定 2014 年度考评体系，分为行政人员考评、管理人员考评两种方式。

在图 12.3 所示的绩效管理窗口,选择"基础设置"→"考评指标库"选项,出现图 12.4 所示的基础设置—考评指标库窗口。

图 12.4　基础设置—考评指标库

在图 12.4 所示的基础设置—考评指标库窗口,可以做以下操作:
(1) 单击"增加"按钮,出现图 12.5 所示的"考评指标库"窗口。
在图 12.5 所示的"考评指标库"窗口,可以输入考评指标库项目的内容。
(2) 单击"修改"按钮,可以修改考评指标库表中的项目。
(3) 单击"输出"按钮,可以以 Excel 文件格式保存考评指标库的数据。

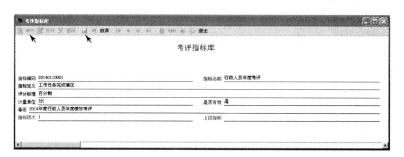

图 12.5　"考评指标库"窗口

2. 评分方式

评分方式分为数值评分(分值连续型)和等级评分(分值非连续型)两大类。企业管理中绩效考评的结果通常会通过等级或者具体分数来衡量。确定评分方式,就是定义考核中采用的评分方法。

【案例 12.2】　按照绩效管理规范行政人员考评指标按百分计、管理人员考评指标按等级计。

在图 12.3 所示的绩效管理窗口,选择"基础设置"→"评分方式"选项,出现图 12.6 所示的基础设置—评分方式窗口。

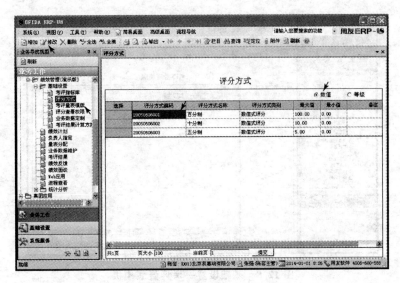

图 12.6　基础设置—评分方式

在图 12.6 所示的基础设置—评分方式窗口,可以做以下操作:
(1) 单击"增加"按钮,出现图 12.7 所示的"评分方式"窗口。
在图 12.7 所示的"评分方式"窗口,可以输入、增加、删除、修改、保存评分方式项目的内容。
(2) 单击"修改"按钮,可以修改"评分方式"中的项目。
(3) 单击"输出"按钮,可以以 Excel 文件格式保存评分方式的数据。

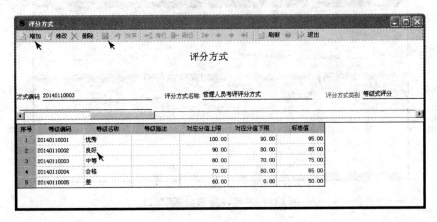

图 12.7　"评分方式"窗口

3. 考评量表模板

考评量表模板用于设置考评时上级、自身、同事、下级考评分值所占的比重。
在图 12.3 所示的绩效管理窗口,选择"基础设置"→"考评量表模板"选项,出现图 12.8 所示的基础设置—考评量表模板窗口。

人力资源管理信息系统

图 12.8　基础设置—考评量表模板

在图 12.8 所示的基础设置—考评量表模板窗口，可以做以下操作：

(1) 单击"增加"按钮，出现图 12.9 所示的"考评量表模板"窗口。

在图 12.9 所示的"考评量表模板"窗口，可以输入、增加、删除、修改、保存考评量表模板项目的内容。

(2) 单击"修改"按钮，可以修改考评量表模板表中的项目。

(3) 单击"输出"按钮，可以以 Excel 文件格式保存考评量表模板的数据。

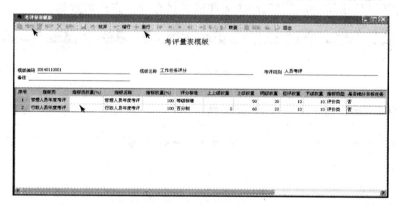

图 12.9　"考评量表模板"窗口

4．评分查看权限

评分查看权限用于设置考评人或者被考评人浏览或匿名浏览其他人的评价，例如上级、同级、自身、下级等角色的人员评价权限。在后续评价中，可以依据设置的权限进行浏览。例如，在评价中，下级可依据设置浏览上级、上上级等给予的评价。

在图 12.3 所示的绩效管理窗口，选择"基础设置"→"评分查看权限"选项，出现图 12.10所示的基础设置—评分查看权限窗口。

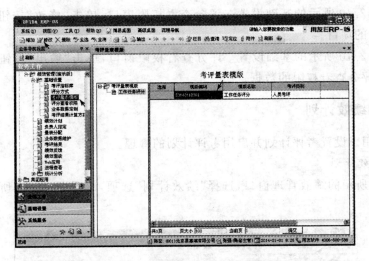

图 12.10 基础设置—评分查看权限

（1）在图 12.10 所示的基础设置—评分查看权限窗口，单击"增加"按钮，出现图 12.11 所示的评分查看权限—评价环节窗口。

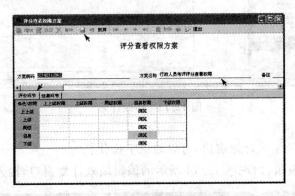

图 12.11 评分查看权限—评价环节

在图 12.11 所示的评分查看权限—评价环节窗口，设置浏览考评的权限。单击"结果环节"页框，出现图 12.12 所示的评分查看权限—结果环节窗口。

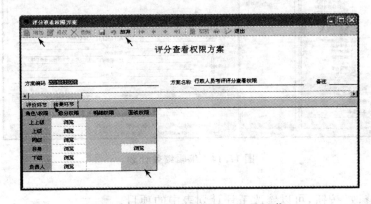

图 12.12 评分查看权限—结果环节

(2) 在图 12.10 所示的基础设置—评分查看权限窗口,单击"修改"按钮,可以修改"评分查看权限"中的项目。

(3) 在图 12.10 所示的基础设置—评分查看权限窗口,单击"输出"按钮,可以以 Excel 文件格式保存评分查看权限的数据。

12.2.3 绩效计划

绩效计划用于设置考评计划并启用考评计划的管理。

1. 制定绩效计划

在图 12.3 所示的绩效管理窗口,选择"绩效计划"选项,出现图 12.13 所示的绩效计划窗口。

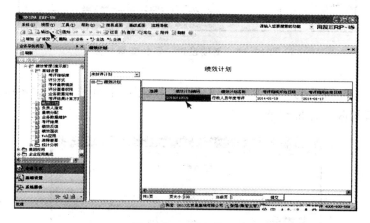

图 12.13 绩效计划

在图 12.13 所示的绩效计划窗口,可以做以下操作:

(1) 单击"增加"按钮,出现图 12.14 所示的编辑绩效计划窗口,输入绩效计划。

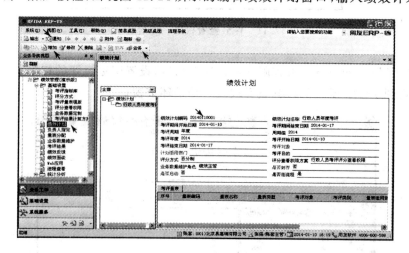

图 12.14 编辑绩效计划

(2) 单击"修改"按钮,可以修改考评计划表中的项目。

（3）单击"输出"按钮，可以以 Excel 文件格式保存绩效计划的数据。

（4）在图 12.13 所示的绩效计划窗口，单击"业务"按钮，可以启用、封存、解封考评工作。

（5）在图 12.13 所示的绩效计划窗口，单击"通知"按钮，出现图 12.15 所示的"绩效计划启动通知"窗口，设置数据项后给员工发邮件通知或短信通知，督促员工参加绩效考评工作。

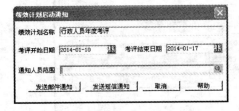

图 12.15 "绩效计划启动通知"窗口

图 12.16 "选择量表类型"窗口

2．设置绩效计划

在图 12.14 所示的编辑绩效计划窗口，单击"增加"按钮，出现图 12.16 所示的"选择量表类型"窗口，单击"确定"按钮，出现图 12.17 所示的绩效计划—考评指标窗口。

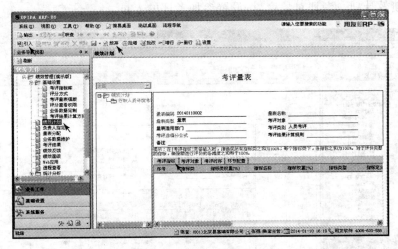

图 12.17 绩效计划—考评指标

（1）在图 12.17 所示的绩效计划—考评指标窗口，选择"考评指标"页框，单击"引入"按钮，出现图 12.18 所示的"引入"窗口，在图 12.18 中选择"考评量表模版"，单击"确定"按钮，出现图 12.19 所示的设置绩效计划—考评指标窗口。

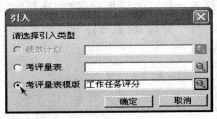

图 12.18 "引入"窗口

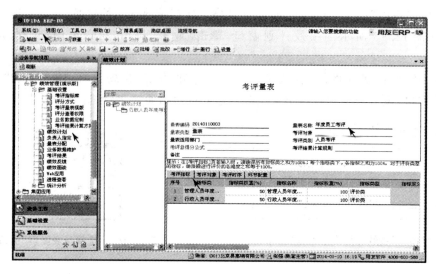

图 12.19　设置绩效计划—考评指标

（2）在图 12.17 所示的绩效计划—考评指标窗口，选择"考评对象"页框，出现图 12.20 所示的设置绩效计划—考评对象窗口，设置参加考评的人员。

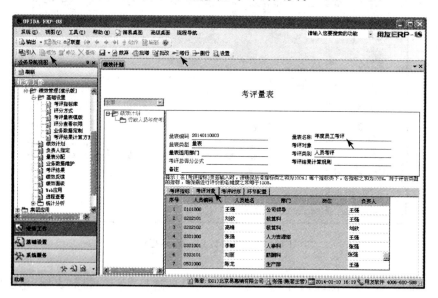

图 12.20　设置绩效计划—考评对象

（3）在图 12.17 所示的绩效计划—考评指标窗口，选择"考评时序"页框，出现图 12.21 所示的"设置绩效计划—考评时序"窗口，设置考评的时间序列。

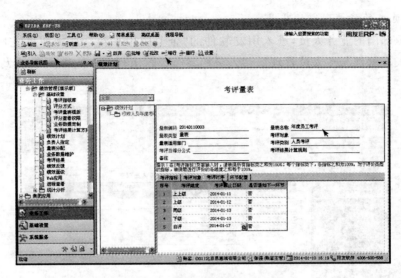

图 12.21 设置绩效计划—考评时序

(4) 在图 12.17 所示的绩效计划—考评指标窗口,选择"环节配置"页框,出现图 12.22 所示的设置绩效计划—环节配置窗口,设置考评的负责人等信息。

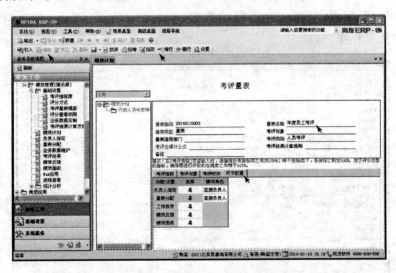

图 12.22 设置绩效计划—环节配置

12.2.4 Web 应用

Web 应用于员工利用网络进行绩效考评、查看考评结果。

1. Web 应用

基于 B/S 模式的人力资源管理信息系统的应用,系统管理员为每个员工开设了访问信息系统的账号,员工通过账号和密码自主浏览企业网站的人力资源信息。根据操作权限,员工能够查看自己的考评结果、为其他员工打分。

2. 设置员工的登录网络的账号

人力资源部门的业务人员,进入用友软件的"企业应用平台",选择业务工作的"人力资源管理"→"人事管理"→"人员管理"→"人员档案"选项,出现图12.23所示的人员管理—人员档案窗口。

图 12.23　人员管理—人员档案

在图 12.23 所示的人员管理—人员档案窗口,选择人员后,单击"修改"按钮,出现图 12.24 所示的"人员档案"窗口。

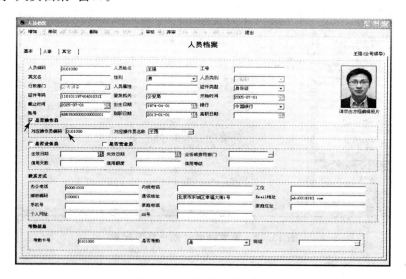

图 12.24　"人员档案"窗口

在图 12.24 所示的"人员档案"窗口,勾选"是否操作员"选项,确认操作员编码和对应操作员的名称,单击"保存"按钮,完成为员工设置网络账号的操作。

3. 登录网络

员工在 IE 浏览器的地址栏输入企业网站的名称后,出现登录画面。进入到人力资源管理的 Web 应用后,选择"绩效管理"→"考评计划"→"年度员工考评"进入考评操作。在此可以进行评分、查看评分、反馈、申诉等处理。

思 考 题

1. 说明绩效管理模块完成的任务。
2. 说明绩效管理业务操作的流程。
3. 绩效管理涉及哪些数据表？每个数据表有哪些项目？